PUBLICATION DE LA RÉUNION DES OFFICIERS

Extrait du *Bulletin de la Réunion*

LES TRANSFORMATIONS

DE

L'ART DE LA GUERRE

PARIS

CH. TANERA, ÉDITEUR

LIBRAIRIE POUR L'ART MILITAIRE ET LES SCIENCES

Rue de Savoie, 6

—

1878

LES TRANSFORMATIONS

DE

L'ART DE LA GUERRE

PARIS

TYPOGRAPHIE GEORGES CHAMEROT

19, RUE DES SAINTS-PÈRES, 19

PUBLICATION DE LA RÉUNION DES OFFICIERS

Extrait du *Bulletin de la Réunion*.

LES TRANSFORMATIONS

DE

L'ART DE LA GUERRE

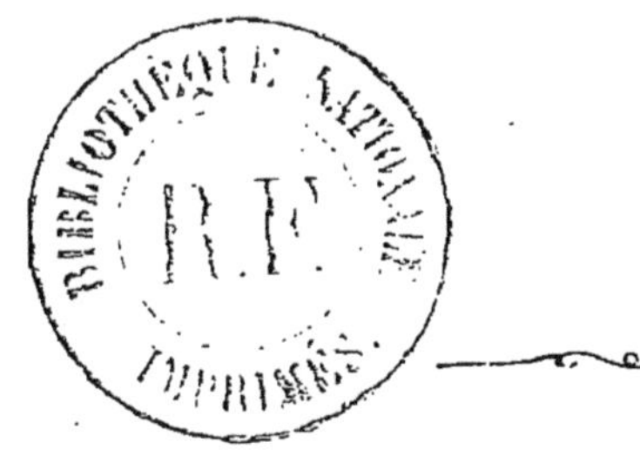

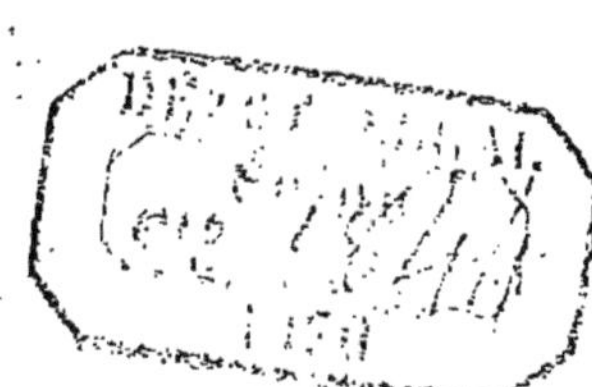

PARIS

CH. TANERA, ÉDITEUR

LIBRAIRIE POUR L'ART MILITAIRE ET LES SCIENCES

Rue de Savoie, 6

1878

PUBLICATION DE LA RÉUNION DES OFFICIERS

Revue du Cercle de la Rédaction

LES TRANSFORMATIONS

PAR LA

ÉTAT DE LA GUERRE

©

PARIS

H. TANERA, ÉDITEUR

LIBRAIRE MILITAIRE ET LES ÉTRANGÈRE

Rue de Savoie, 6

1878

PRÉFACE

L'objet de cette étude est de démontrer que
la puissance militaire ne consiste pas uniquement dans l'emploi des moyens que peuvent
fournir les progrès de la science et de l'industrie,
et qu'une nation, eût-elle des soldats nombreux
pour composer son armée, le réseau le plus complet de communications, en voies ferrées ou en
lignes télégraphiques, avec l'armement le plus
perfectionné, pourrait ne jouer qu'un rôle très-
effacé à la guerre, si ces soldats n'avaient entre
eux cette cohésion qui engendre la discipline,
et ne pouvaient suppléer aux moyens auxiliaires,
que procurent l'armement et le système des com-

munications, par leur résistance à supporter les fatigues et leur énergie dans le combat.

A toutes les époques, l'homme a dû contribuer par son action propre à ce qui constitue essentiellement la guerre, et de nos jours, cette action est aussi nécessaire que par le passé. Si les inventions modernes appliquées à l'art de la guerre permettent d'étendre son rôle, dans des proportions beaucoup plus grandes, cela ne peut se produire qu'autant que des combattants nombreux, aguerris et exercés pourront en faire l'application. Sans cela, ces inventions, dans leur emploi, seraient comme ces armes trop lourdes qui échappent des mains d'un combattant, trop faible pour s'en servir.

Cette considération paraît d'autant plus vraie que, ainsi que le témoigne l'histoire, lorsque, dans l'art de faire la guerre, il a paru des procédés nouveaux, les armées ont eu une tendance à en faire un usage presque exclusif. Or, de nos jours, cette tendance serait d'autant plus funeste que, si les moyens que fournissent la science et l'industrie sont plus étendus, en revanche, ils sont plus fragiles, c'est-à-dire plus faciles à détruire, et qu'ils peuvent plus rapidement tomber au pouvoir du vainqueur.

C'est donc à la nation qui possède tous ces moyens, qui constituent en grande partie ses richesses, à savoir les défendre; car l'armée n'est plus aujourd'hui une fraction de cette nation, c'est cette nation tout entière, et chacun de ses membres doit apporter à cette œuvre commune de la défense le concours de ses efforts et de son dévouement.

Janvier 1878.

DIVISION DE L'OUVRAGE

I. — SCIENCE ET ART DE LA GUERRE.

II. — PARTIE CONSTITUTIVE D'UNE ARMÉE.

III. — LOGISTIQUE.

IV. — TACTIQUE.

V. — STRATÉGIE.

VI. — CONCLUSION.

LES TRANSFORMATIONS

DE

L'ART DE LA GUERRE

I

SCIENCE ET ART DE LA GUERRE.

La guerre, dans les moyens qu'elle met en œuvre pour son exécution, peut être considérée à la fois comme une science et comme un art. C'est une science pour qui veut connaître tout ce qui se rapporte au métier des armes, science qui est seule une encyclopédie, comme le faisait déjà remarquer Guibert, il y a un siècle, dans son *Essai général de tactique,* et qui s'est tellement étendue qu'il semble que la vie d'un homme soit, de nos jours, insuffisante pour la cultiver tout entière.

C'est un art pour celui qui est appelé à diriger en campagne un corps de troupe, armée ou corps d'armée ; car c'est sur des données souvent incertaines et qui peuvent se modifier suivant les éléments et les circonstances, qu'il doit baser ses combinaisons ; art qui est, de nos jours, d'autant plus compliqué que les armées sont devenues plus nombreuses et les moyens d'action plus multipliés. Dans les actions de guerre, comme dans tout ce qui a mis en travail l'imagination des hommes, l'art a précédé la science, et leur différence essentielle tient à ce que celle-ci s'appuie toujours sur des règles connues ou emploie des moyens déterminés, tandis que l'art, plus libre dans ses allures, suit ces règles sans s'y astreindre. La science, comprenant la partie positive et matérielle de la guerre, en quelque sorte, représente de préférence la part dévolue à l'exécution, tandis que l'art, qui en est la partie spéculative, est surtout l'attribut de la direction.

C'est pour ne pas avoir toujours nettement établi cette distinction entre l'art et la science, que la plupart des écrivains militaires ont émis sur ce sujet des appréciations si différentes, et cette diversité s'augmente encore par suite de la désignation qu'ils ont donnée à toutes les parties de la science ou de l'art de la guerre. Une idée commune, cependant, se dégage de leurs appréciations, c'est celle que nous avons exprimée plus haut, qu'il y a à faire, dans l'acte de la guerre, deux parts distinctes, l'une se rattachant à la science, et qui constitue plus spécialement l'exécution, et l'autre se rapportant à l'art, et qui est plutôt le propre de la direction.

Les inventions modernes ont rendu la guerre plus scientifique, mais elle est restée un art dans ses conceptions et ses combinaisons, et il s'est produit, pour ce qui se rapporte à la guerre, ce qui est survenu dans les autres branches de l'industrie humaine, où la science a également pénétré et a substitué aux procédés de la

spéculation des méthodes plus précises ; mais ce qui
assure la supériorité de l'art de la guerre sur les autres
arts, en le rendant, par cela même, plus difficile dans
son application, c'est qu'il a pour élément essentiel et
principal non la matière inerte et passive, mais l'homme,
que tous les agents mécaniques possibles ne parvien-
dront jamais à remplacer à la guerre ; et ce qui établit,
à ce point de vue, la différence entre la science et l'art,
c'est que la science emploie des moyens matériels en
se servant de l'homme comme auxiliaire, tandis que
l'art emploie l'homme comme son premier élément, en
se servant, au contraire, comme auxiliaires, des moyens
matériels.

C'est dans ce sens qu'il convient d'examiner si l'art,
en appelant à son aide la science, a toujours progressé,
et si les moyens nouveaux que celle-ci lui fournit doivent contribuer à son développement. Pour s'en rendre
compte, il faut étudier les diverses transformations de
l'art aux époques les plus importantes.

Mais, avant d'entreprendre cette étude, il est nécessaire de bien définir ce que c'est qu'une armée, l'instrument ou l'élément de la guerre, et le rôle qu'elle doit
y remplir. Or une armée est une réunion d'êtres vivants,
accessibles à toutes les impressions humaines, et son
rôle à la guerre se réduit, comme le dit Guibert, à deux
objets principaux : *marcher* et *combattre;* car une
armée représente une force, et suivant la loi universelle
de la mise en action de toute force, celle de cette armée
doit se traduire également par le mouvement et l'action
sur les points désignés.

Mais, pour marcher et combattre, il faut aussi une
direction, de même qu'il faut une impulsion à la force

que l'on met en mouvement, de sorte que si l'on veut rendre sous une forme tangible la représentation d'une armée, on peut se la figurer comme un être humain, agrégation, sous le même aspect, de tous les êtres qui la composent et qui n'en formeraient plus qu'un seul. Nulle comparaison ne paraît plus juste, car on voit de la sorte, et comme il apparaîtrait pour les diverses parties du corps humain, le rôle de chacune des parties de l'armée. Le corps proprement dit peut en représenter la portion qui la constitue essentiellement, c'est-à-dire l'agglomération même des combattants, et il a, pour marcher et combattre, les membres, qui lui viennent en aide; enfin, la tête imprime à l'ensemble la même volonté.

L'armée étant constituée, elle se meut en effet, et c'est ce que l'on a appelé la *logistique;* elle combat, ce que l'on a désigné sous le nom de *tactique;* et pour l'exécution de ces deux objets, elle a besoin d'une direction, ce que l'on nomme *stratégie.* Ainsi la logistique et la tactique comprennent l'exécution, tandis que la stratégie prépare et dirige cette exécution. Ce sont là les trois parties essentielles de l'art et de la science de la guerre, et pour se rendre compte des transformations de cet art et de cette science, et voir si ces transformations ont toujours marché parallèlement, il faut examiner les modifications que ces diverses parties ont elles-mêmes subies aux époques principales de l'histoire.

Une première remarque à faire, c'est qu'une armée, étant l'image vivante du peuple ou de la société dont elle émane, doit présenter comme elle, dans sa durée, les quatre phases distinctes de la vie de chaque peuple, qui correspondent elles-mêmes aux quatre âges de la vie de l'homme, savoir : l'enfance, la jeunesse, la virilité et la vieillesse. C'est une loi de l'humanité à laquelle un peuple, pas plus qu'un individu, ne peut se soustraire, et l'histoire démontre que l'art de la guerre a suivi pour chacun d'eux la même loi, et qu'il a présenté les mêmes phases dans son développement.

Pour s'en convaincre, il suffit en effet de considérer les diverses transformations qu'a subies la constitution des armées, ainsi que celles de la logistique, de la tactique et de la stratégie à ces diverses époques. On verra cette vérité apparaître aussi bien chez les anciens que chez les modernes ; mais elle se montre davantage chez ces derniers, en raison des modifications plus grandes que la science a apportées dans les moyens employés pour faire la guerre.

II

PARTIE CONSTITUTIVE D'UNE ARMEE.

L'élément fondamental de la partie constitutive d'une armée est le combattant, et, pour faire la guerre dans les meilleures conditions, il s'agit d'avoir le plus grand nombre possible de ces éléments; il faut qu'ils soient aguerris, c'est-à-dire aptes à supporter les fatigues de la guerre, bien instruits dans le maniement de leurs armes ou dans les manœuvres qu'elles nécessitent, et enfin habitués aux services divers que réclament les différentes situations où l'on peut se trouver en campagne.

Ces trois conditions essentielles seront d'autant mieux remplies chez un peuple qu'elles trouveront des auxiliaires plus puissants dans ses mœurs, dans son état de fortune ou sa richesse, et dans la forme de son gouvernement. Certes on peut trouver que d'autres concours sont aussi nécessaires pour assurer ces conditions; car les mœurs dépendent du climat, de la religion et même de la configuration du sol; la richesse d'un peuple tient à sa situation géographique et prend principalement sa source dans les produits qui alimentent le commerce et l'industrie, ainsi que dans la facilité des communications ; enfin, la forme du gouvernement dépend surtout du caractère d'un peuple et de son éducation, de sorte qu'il serait peut-être plus exact de dire que ces conditions seront d'autant mieux remplies chez un peuple qu'il existera un rapport plus intime entre l'armée et la nation dont elle émane. On peut remarquer en effet que les époques les plus brillantes dans l'histoire des peuples, au point de vue de la guerre, sont celles où ce rapport a existé avec le plus de réalité.

Mais les trois conditions énoncées plus haut n'en demeurent pas moins les trois facteurs principaux de la constitution d'une armée ; car les mœurs d'un peuple peuvent le rendre plus ou moins apte au métier des armes ; sa richesse lui permettra de retenir plus longtemps les hommes sous les drapeaux, en leur fournissant un matériel devenu de plus en plus coûteux, et enfin la forme de son gouvernement se prêtera avec plus ou moins de facilité aux rassemblements de troupes qu'exige, plus encore de nos jours que par le passé, toute préparation à la guerre.

La constitution d'une armée, dépendant de l'état social d'un peuple, doit nécessairement présenter dans ses phases successives les mêmes variations que présente cet état social, et c'est en effet ce que démontre l'histoire, autant celle des peuples anciens que celle des peuples modernes.

On remarque chez eux les mêmes phases successives. Dès qu'ils commencent à sortir de la barbarie et à s'organiser en société, ils sentent le besoin de confier le soin de les défendre à un certain nombre d'hommes armés, préparés à la guerre, qui permettent, de la sorte, au restant de la population, de se livrer aux travaux de la paix. Il se forme une aristocratie ou noblesse militaire qui prend à Rome le nom de patriciat, et en France celui de féodalité. C'est l'enfance de la vie d'un peuple, et aussi pour lui l'enfance de l'art de la guerre, celle où l'individualité prévaut dans tout ce qui s'y rattache, où chacun combat isolément, et les armées ne sont alors, comme les milices du moyen âge, que des masses confuses, plus propres à la défense qu'à livrer bataille.

A ce pouvoir épars succède, comme résultat du progrès de la civilisation, une autorité plus centralisée, oligarchie ou royauté, sous laquelle l'armée s'organise sur des bases plus solides. La seconde moitié du quinzième siècle voit, chez les modernes, s'opérer cette transformation. En France et dans la plupart des pays de l'Europe, cette armée devient permanente, montrant ainsi que, bien plus que chez les anciens, cette permanence devenait nécessaire, chez les modernes, au développement de l'art de la guerre ; car la science venait chez eux, presque à l'origine de leur organisation, au secours de l'art. Cette époque coïncide avec la découverte des armes à feu, laquelle doit transformer la guerre en lui imprimant un tout autre caractère que dans l'antiquité, un caractère plus civilisateur.

C'est l'époque où les principales nations se constituent en Europe et sortent de l'état de morcellement où les avait réduites le système féodal, et qui, remarquable également par toutes les découvertes qui se produisent, peut être considérée comme celle de leur efflorescence et de leur jeunesse.

Les guerres changent de nature : ce ne sont plus de

grands mouvements de peuples, comme les croisades dans la période antérieure ; ce sont des guerres entreprises par les gouvernements eux-mêmes, qui, à la tête de leurs armées, font des expéditions plus ou moins lointaines, telles que celles de Charles VIII en Italie, de Charles-Quint en Afrique, ou de Charles XII contre la Russie.

Mais ces expéditions sont elles-mêmes moins aventureuses à mesure que les gouvernements deviennent plus stables et plus réguliers, et qu'ils cherchent davantage à étendre ou à consolider leurs frontières. Les armées, d'abord peu nombreuses et composées d'hommes exclusivement adonnés au métier des armes, augmentent avec l'ambition des souverains, qui, indépendamment des étrangers qu'ils peuvent prendre à leur service, cherchent alors, par des appels ou des levées, à se procurer un nombre plus grand de combattants, au moyen de leurs propres sujets.

Puis vient une troisième phase dans la vie des peuples, que l'on peut considérer comme celle de leur virilité, et pendant laquelle tous les citoyens, sans distinction de classes, sont appelés à prendre part aux affaires publiques et à faire partie de l'armée. Cette époque est inaugurée en France par la révolution de 1789. La Révolution française marque une date mémorable dans l'histoire d'un peuple. Au gouvernement des rois, qui a existé jusqu'alors, elle substitue la souveraineté du peuple même, et elle proclame que les anciennes rivalités des nations doivent désormais faire place à leur union basée sur une même loi morale. L'armée devient véritablement une armée nationale et ne semble plus appelée qu'à défendre le pays menacé.

Les autres peuples applaudissent d'abord aux principes proclamés par la nation française, et il semble que la guerre des peuples, se substituant à celle des rois, doive se restreindre et changer de nature, en ne prenant plus qu'un caractère purement défensif. Mais les moments n'étaient pas venus d'une entente véritable entre les peuples ; car cette entente ne peut être basée que sur la satisfaction de leurs intérêts, et si elle doit se produire un jour, ce ne sera que lorsque la communauté de ces intérêts sera devenue plus grande et leur solidarité plus réelle.

Malgré tous les présages de paix que la Révolution française pouvait faire entrevoir, le dix-neuvième siècle devait être encore plus guerroyeur que ses devanciers : aux guerres de la Révolution succèdent celles de l'Empire, et la France, d'abord menacée par la coalition des souverains, devient conquérante à son tour. C'est alors qu'apparaît, lorsqu'elle se trouve dans toute la plénitude de sa force, un grand capitaine, comme pour montrer que l'époque du développement complet de l'art militaire chez un peuple coïncide avec celle de sa pleine croissance.

Après un quart de siècle, pendant lequel la guerre a été incessante, les divers peuples de l'Europe, tour à tour vainqueurs ou vaincus, semblent être fatigués de la lutte et vouloir revenir à des idées plus humanitaires. La science et les arts de la paix prennent un essor qui, en les rapprochant davantage, paraît devoir fermer l'ère des conquêtes ; mais c'est l'ère de la paix armée qui lui succède, car les progrès de la science et ceux des arts ont augmenté les richesses et accru le désir de les acquérir ; et ceux d'entre ces peuples qui sont les

moins favorisés sous ce rapport restent armés, en pré-
textant la faiblesse de leurs frontières ou la configuration particulière de leur territoire. Aussi la guerre re-
prend-elle de nouveau, montrant d'une façon plus apparente encore que par le passé, sous le couvert de motifs politiques, les véritables motifs, d'un ordre tout
différent, et qui ont toujours été ceux qui portent un
peuple plus pauvre qu'un autre à convoiter les biens de
ce dernier. Or, tant que ses biens sont menacés, le
peuple le plus riche doit rester armé, et c'est ce qui
explique l'extension qu'ont prise, de nos jours, les armées des principales puissances.

La France, indépendamment de l'armée active et de
la réserve de cette armée, a une armée territoriale et
une réserve pour cette seconde armée ; l'Allemagne, indépendamment également de son armée active et de sa
réserve, a sa landwehr et son landsturm ; la Russie a
aussi son armée active et des troupes de dépôt constituant sa réserve, plus une milice qui correspond à la
landwehr et au landsturm prussiens.

L'Autriche et l'Italie montrent les mêmes tendances
à augmenter leur armée ; de sorte que ces cinq puissances pourraient actuellement mobiliser 7 millions
d'hommes environ, et seront en mesure d'en mobiliser
plus de 11 millions, lorsque la réorganisation de leurs
réserves sera accomplie.

Avec de pareils effectifs, qui ne semblent avoir pour
limites que celles qu'assigne la population elle-même,
ou du moins tout ce qui peut prendre les armes, le problème de former une armée et de l'organiser en vue de
la guerre devient d'autant plus difficile que, chez les
nations modernes, l'état des mœurs, leur richesse et la

forme même de leur gouvernement ne permettent point de laisser longtemps les hommes sous les drapeaux. Les mœurs, en effet, portent de moins en moins au métier des armes et aux exercices qu'il nécessite. Ces exercices d'ailleurs ont été en diminuant à mesure que les changements opérés dans la manière de faire la guerre, par suite des découvertes qui se sont succédé, ont exigé des conditions physiques moindres. Si ces conditions cependant paraissent moins nécessaires pour ce qui constitue, à proprement parler, le combat moderne, elles sont toujours utiles pour ce qui concourt à faire supporter au soldat les fatigues d'une campagne. Mais avec les armées nombreuses qu'exige la guerre actuelle, lesquelles sont composées surtout d'hommes adonnés aux travaux de la paix et habitués aux jouissances qu'elle procure, on ne peut songer à les distraire longtemps de ces travaux et à les faire renoncer également, pour un temps un peu long, à leurs habitudes. Le moyen d'y remédier consiste à encourager dans toutes les classes de la population ces exercices, ainsi que le demandait déjà Guibert de son temps. De la sorte, le soldat, déjà façonné à la vie militaire, lorsqu'il arriverait sous les drapeaux, supporterait avec moins d'effort les fatigues que lui imposerait son temps de service.

L'état de richesse d'un peuple peut s'opposer aussi à ce que les mêmes hommes restent longtemps dans l'armée; car la préparation à la guerre entraîne des frais de plus en plus coûteux, qui ont besoin, pour être couverts, des produits que donne la paix, et qui ne permettent également d'instruire à la fois qu'un nombre d'hommes limité.

D'autre part, l'éducation professionnelle du soldat, par suite de la nature des nouvelles armes, est devenue plus longue et plus difficile. Bien que la guerre soit en réalité moins meurtrière depuis que l'on s'est moins abordé, les effets de ces armes sont, par eux-mêmes, plus redoutables et nécessitent, pour une troupe, une organisation plus forte, parce que la solidité devient sa principale qualité devant des coups que l'on ne peut détourner et qui vous frappent à distance.

Les cadres, c'est-à-dire les chefs les plus immédiats du soldat, ont alors à exercer une action plus effective pour le contenir et le guider dans le combat; de sorte que, tant en raison de l'instruction à donner aux hommes que de ce qui peut contribuer à leur solidité sous le feu de l'ennemi, la bonne composition des cadres a une extrême importance. Mais là encore la richesse d'un peuple peut venir à l'encontre du but qu'il faudrait atteindre, en détournant de la carrière militaire, pour des carrières plus lucratives, ceux qui seraient à même de former ces cadres. Il n'y a, pour s'en convaincre, qu'à voir la difficulté qu'éprouvent la plupart des armées européennes pour recruter leurs sous-officiers, difficultés qui paraissent d'autant plus grandes que la richesse, chez ces peuples, est plus développée. Et cependant, de même qu'il faut des instituteurs pour les œuvres de la paix, il faut des instructeurs pour celles de la guerre, qui soient à même d'instruire plus rapidement encore ceux qui n'ont qu'un temps limité à passer sous les drapeaux.

Dans ces conditions, la question qui s'impose est celle de savoir quel est le nombre d'années de service nécessaire pour qu'une troupe soit instruite, et, de plus, à même de supporter les épreuves d'une campagne. En se guidant d'après l'exemple de la Prusse, plusieurs pensent que deux ans et demi, trois ans au plus, suffisent pour faire un bon soldat; mais peut-être ne tiennent-ils pas assez compte de l'organisation prussienne, c'est-à-dire de son recrutement régional, qui a pour effet de faire connaître d'avance au soldat prussien le régiment dont il doit faire partie, puisque c'est celui de son district, et qu'il est déjà empreint, en quelque sorte, de cet esprit de corps, qui constitue essentiellement la cohésion et la solidité d'une troupe, avant même d'entrer dans son régiment; car il connaît depuis longtemps ceux qui seront ses chefs et ses camarades.

Dans les pays, au contraire, où le recrutement n'est point régional, cette cohésion ne peut s'obtenir qu'avec un plus long temps de service, et c'est ce qu'avaient voulu, en France, les auteurs de la loi de 1832 sur le recrutement, en fixant à sept ans la durée du maintien sous les drapeaux. Il serait trop long de rappeler les circonstances qui ont fait modifier cette loi, qui n'était du reste applicable qu'à un effectif restreint et ne se prêtait point à une mobilisation rapide; la dernière loi sur le recrutement, mieux en rapport avec l'époque actuelle, n'exige, comme on le sait, que cinq ans de service dans l'armée active, pour la première portion seulement du contingent. Si trois ans en effet peuvent paraître suffisants pour ce qui se rattache uniquement à l'éducation professionnelle, ils ne le sont pas pour établir dans une troupe composée d'éléments pris sur les divers points du territoire la cohésion si nécessaire.

Une autre cause d'ailleurs milite en faveur de cette disposition; c'est l'accroissement, dans les armées modernes, de troupes légères (1), de celles du moins qui ont pour rôle d'éclairer tout corps de troupe et d'engager le combat, rôle qui s'est d'autant plus agrandi que les armées sont devenues plus nombreuses et ont dû occuper une plus vaste étendue de pays. Il paraît rationnel d'affecter à ce service dans les trois armes principales, infanterie, cavalerie, artillerie, qui constituent l'armée et qui doivent y concourir, les hommes qui restent cinq ans sous les drapeaux, en formant dans les régiments des compagnies, escadrons ou batteries, composés des soldats les plus anciens, et dans lesquels ils n'entreraient qu'en remplissant les conditions voulues d'aptitude et d'instruction professionnelle. Ce serait un puissant moyen d'émulation, que l'on pourrait rendre encore plus efficace en créant, pour ces troupes, un signe distinctif, qui serait, par cela même, honorifique, et en augmentant leur solde, ainsi que cela a déjà lieu pour les anciens soldats.

On remédierait de la sorte à cette inégalité de temps de service, contenue dans la loi, et qui semble contraire au principe démocratique qui la régit. Ce ne serait point un retour à ce que l'on désignait, il y a peu d'années encore, sous le nom de compagnies d'élite, comme,

____

(1) Il serait peut-être plus exact de dire que le service de sécurité exige un plus grand nombre d'hommes que par le passé. Mais, sauf les divisions de cavalerie indépendantes, il semble qu'on soit, au contraire, moins porté aujourd'hui qu'autrefois à avoir des troupes, ou fractions de troupes, spécialement destinées à couvrir les mouvements des armées. Les débats qui ont eu lieu, à propos de la conservation de nos bataillons de chasseurs, en fournissent la preuve. Nous faisons d'ailleurs nos réserves touchant les propositions suivantes de l'auteur, et lui en laissons toute la responsabilité. (*Note de la rédaction.*)

au premier abord, on serait tenté de le croire ; car ces compagnies prélevaient, pour leur formation, sur toutes celles du régiment, les meilleurs soldats, en versant même, dans celles du centre, ceux qu'elles rejetaient pour inconduite, ce qui nuisait à la bonne composition de ces dernières ; tandis que, dans l'organisation proposée, la portion restante du régiment trouverait toujours, dans l'appui que viendrait lui donner la réserve, au moment de la mobilisation, les garanties de solidité, et surtout de moralité nécessaires.

Cette organisation nous semble préférable à celle qui consiste à créer, dans la même arme, des corps spéciaux, que distingue un costume différent, et auxquels il paraît difficile d'assigner un rôle particulier, aujourd'hui surtout où le même armement est donné à tous les combattants.

La forme de gouvernement peut aussi être cause que les hommes ne passent qu'un temps très-limité sous les drapeaux. Les pays libres n'ont jamais voulu d'armées permanentes trop considérables, et le service, en y devenant obligatoire pour tous, obvie, par cela même, aux dangers qu'elles pourraient présenter. Dans ces pays, l'armée permanente, nécessaire pour conserver les traditions et maintenir les connaissances militaires au niveau de la science moderne, ne peut plus être que l'élément principal ou noyau autour duquel doivent pouvoir se rallier, en un moment donné, toutes les forces qui peuvent être utilisées. Mais ces armées ainsi formées et que, suivant une expression fort juste, on a appelées *intermittentes* au lieu de *permanentes,* ont besoin d'être organisées d'avance et d'être préparées, en temps de paix, aux services divers que réclament les situations où elles peuvent se trouver en campagne ; et cette condition sera remplie au moyen de réunions périodiques, pendant lesquelles les divers corps pourront, à tour de rôle, s'exercer à tous les travaux que la guerre nécessite.

Rien ne reflète mieux les institutions militaires qui régissent un peuple que le caractère de ces réunions ; aussi ont-elles varié suivant les époques.

Pour ne parler que des modernes, ce sont, sous la féodalité, des joutes, des tournois, où accourent de toutes parts les chevaliers et leurs hommes d'armes, qui s'y distinguent par leur adresse. Sous la royauté, ce sont, surtout en France, des camps de parade, où la noblesse se réunit principalement pour faire montre de son luxe et de ses dépenses. « Le roi de Prusse, Frédéric II, nous dit Guibert, est le premier moderne qui ait formé des camps d'instruction, qui ait fait servir ces camps à exécuter des marches, des ordres de bataille et à former des généraux. »

Guibert, dans ses écrits, recommande ces camps comme les meilleures écoles de commandement, à condition que l'on s'y livrera à toutes les applications de la tactique, ce qui n'avait pas eu lieu jusque-là.

La Révolution française et les guerres qu'elle entraîna à sa suite interrompirent la formation des camps d'instruction ou du moins en limitèrent trop la durée pour que l'on puisse les mentionner, et ce n'est que lorsque Napoléon Ier eut été nommé empereur, en 1804, qu'il organisa à Boulogne un camp aussi remarquable par le nombre des troupes qui le composaient que par les résultats qu'il produisit pour leur éducation et leur esprit militaire. C'est de ce camp que partit la grande armée qui triompha à Ulm et à Austerlitz.

Avec les idées de paix qui prévalurent après les guerres du premier Empire, les camps d'instruction devinrent plus rares, en France notamment, et ne comportèrent que des effectifs peu considérables. D'autres puissances cependant, la Prusse, l'Autriche, la Russie formèrent des camps d'instruction où l'on vit d'assez grandes agglomérations de troupes, et c'est à leur exemple que l'on créa en France le camp de Châlons. Mais ces camps, établis invariablement sur un terrain connu d'avance et toujours le même, laissaient, comme instruction, peu de place à l'imprévu, qui joue dans les guerres actuelles, en raison de l'étendue du théâtre des opérations, un rôle si important.

La Prusse, la première encore, qui avait conservé dans son mode de recrutement l'obligation, pour tous, du service militaire, ce qui lui donnait un plus grand nombre d'hommes à instruire et à façonner à la vie militaire, prit, en 1861, après la réorganisation de son armée, l'initiative de ces grandes manœuvres, mieux appropriées au système de guerre actuel, et dont les derniers événements ont montré l'utilité. Aussi la dernière loi qui a été décrétée en France sur l'organisation de l'armée prescrit-elle de terminer, chaque année, par des marches, des manœuvres et des opérations d'ensemble, l'instruction progressive et régulière des troupes de toutes armes.

Cette loi a été mise en application, et l'on a déjà pu constater les résultats qu'elle a produits, qui seront d'autant meilleurs que l'on se rapprochera davantage des conditions qui doivent être réalisées en campagne.

Les rassemblements faits ainsi, chaque année, outre l'avantage qu'ils procurent de compléter l'instruction des corps de troupes, ont encore celui de les rendre rapidement mobilisables. Or, dans le système de guerre actuel, une plus grande rapidité de mobilisation peut procurer à une armée, dès le début des opérations, une supériorité incontestable.

Telles sont les modifications les plus importantes qui résultent, pour les armées modernes, de l'augmentation toujours croissante du nombre des combattants, en ce qui se rattache aux trois conditions essentielles qu'ils doivent remplir, et qui sont : d'être à même de supporter les fatigues d'une campagne, d'avoir une éducation professionnelle complète, enfin de pouvoir être mobilisés rapidement.

Comme on le voit, la première de ces conditions se rapporte plus spécialement à la logistique, la seconde à la tactique, et la troisième à la stratégie. Elles seront d'autant mieux remplies que l'on aura su établir, dans cette agglomération artificielle que l'on nomme une armée, une hiérarchie basée sur les mêmes principes que ceux qui régissent le reste de la société ; car il doit toujours y avoir accord entre les institutions d'un pays et celles de l'armée, pour que celle-ci puisse développer toute sa puissance. Cela ne peut même être autrement lorsque tous les citoyens concourent à la formation de cette armée, qui devient, par le fait, la nation armée. Il faut donc modifier dans ce sens celles de ces institutions qui pourraient ne plus répondre à l'époque actuelle, si l'on veut établir, entre les nombreuses parties qui la composent, les liens qui doivent en faire un tout homogène et animé d'une seule volonté.

Dans un discours qu'il a prononcé, en décembre 1875, comme président de l'Académie des sciences de Belgique, M. le général Brialmont, signale avec raison ce développement exagéré des forces militaires comme devant produire la décadence des armées et faire rétrograder l'art de la guerre ; et si l'on examine les motifs qu'il en donne, on voit qu'ils dérivent en définitive, soit de l'état des mœurs, soit de celui de la richesse, ou bien encore de la forme du gouvernement des peuples eux-mêmes.

Ce n'est point, en effet, par cela seul que les effectifs des armées sont devenus si élevés que l'art de la guerre doit péricliter, car, à d'autres époques, on a vu également des armées nombreuses sans que la décadence se soit manifestée ; mais bien parce que les combattants sont devenus moins aptes à faire la guerre, par suite de l'adoucissement des mœurs ; plus adonnés également aux travaux de la paix qni procurent la richesse, et enfin moins enclins à suivre leurs gouvernements dans les guerres aventureuses que ceux-ci pourraient entreprendre.

Si cette décadence doit se produire, c'est parce que les armées tendent à devenir de moins en moins préparées à faire la guerre extérieure, pour ne plus être que des armées de milices, composées de troupes localisées, et organisées surtout en vue de la défense intérieure. Il semble même que l'on doive s'attendre à ce résultat lorsqu'une communauté plus grande d'intérêts s'établira entre les peuples, car ce sont les intérêts qui les divisent, à ce point que l'on a vu le même peuple se partager en deux camps ennemis, se combattant avec acharnement, pour des intérêts commerciaux opposés, ainsi que l'ont montré les États-Unis d'Amérique. Jusqu'ici, il est vrai, les communications plus multipliées et plus étendues entre les divers peuples de l'Europe paraissent avoir rendu également plus nombreuses les causes de conflits ; mais ces causes disparaîtront peu à peu avec des échanges devenus plus fréquents ; car l'effet du commerce est de créer des intérêts communs qui ont besoin de la paix pour être satisfaits.

La guerre, en effet, à mesure que s'étendent les relations internationales, devient de plus en plus préjudiciable au plus grand nombre, à ceux même qui n'y prennent point part, et qui, malgré eux, sont atteints dans leurs intérêts. C'est ce qui explique l'intervention des diverses puissances de l'Europe lorsqu'elle menace d'éclater, intervention qui comprend un nombre de plus en plus grand d'intéressés. On peut donc prévoir que les progrès industriels encore tout récents que notre siècle a vu accomplir et qui, apparaissant en quelque sorte comme une nouveauté, semblent avoir surpris les peuples, auront pour effet d'établir entre eux une communauté plus grande d'intérêts, et, par suite, de rendre les guerres extérieures plus rares, pour ceux du moins qui sont arrivés au même degré de civilisation. Alors, suivant la loi de l'histoire, s'opérera dans la suite, chez ces peuples, une dernière transformation, marquant la quatrième période de leur existence, celle qui répond à la vieillesse, dans laquelle les armées seront formées, dans leur portion principale, de milices uniquement organisées pour la défense du territoire, avec l'appui d'une faible force permanente ou gendarmerie, disséminée sur les divers points, pour en assurer la sécurité.

Comme on le voit, l'organisation militaire de cette dernière période de l'existence d'un peuple offre bien des traits de ressemblance avec la première, celle qui correspond à leur enfance, comme pour témoigner que la vie des peuples est semblable à celle de tous les êtres humains et manifeste, à ses deux extrémités, la même faiblesse. Ce sont, en effet, dans l'un et l'autre cas, des milices qui composent l'armée, c'est-à-dire des troupes plus propres à la défense qu'à l'attaque ; seulement, dans le premier, on voit encore de grands mouvements de peuples, désordonnés, il est vrai, comme les croisades, mais qui sont l'indice, chez ces peuples, d'une vitalité qu'ils n'ont plus dans la seconde, où ils ne sont plus occupés qu'à jouir des bienfaits d'une civilisation avancée, en profitant de tous les perfectionnements qu'elle fournit pour leur sécurité.

Au lieu du seigneur féodal qui, du haut de son donjon, semblait un ennemi permanent pour l'habitant des villes ou de la campagne, la force armée, entretenue par le concours de tous, n'est plus employée qu'à assurer la tranquillité.

Ce résultat paraît plus favorable au bonheur des peuples ; mais il aurait pour effet inévitable la décadence de l'art de la guerre, lequel, dans son développement, aurait ainsi suivi les mêmes phases que celles de leur propre existence ; car sa décadence marquerait celle de ces peuples eux-mêmes.

III

LOGISTIQUE.

La logistique a pour but de régler la marche d'une armée. Elle doit, à cet effet, bien combiner l'ordre des troupes dans les colonnes, leur itinéraire, le temps de leur départ et de leur arrivée, ainsi que les moyens de communication qu'elles doivent avoir, soit entre elles, soit avec les points d'où elles sont parties ou ceux qu'elles doivent atteindre. Elle comprend, comme partie intégrante et essentielle, l'alimentation et les moyens de faire vivre l'armée, car il ne suffit pas de mettre des troupes en mouvement, il faut encore pourvoir à leur subsistance et à leur entretien ; de sorte que le service des marches et celui qu'on peut appeler l'*administration*, bien que distincts, ne doivent, en réalité, en former qu'un seul, soumis à une seule direction. De plus, les troupes n'étant point constamment en marche, et pouvant être, par intervalles, campées ou cantonnées, la logistique doit également s'occuper des camps et des cantonnements ; de même qu'elle doit surveiller l'évacuation des blessés, des malades, et enfin de tous ceux qui, pour une cause quelconque, ne peuvent plus faire partie de l'armée.

Le rôle de la logistique s'est nécessairement étendu à mesure que le nombre des combattants s'est accru, que les communications sont devenues plus nombreuses, que les armes ont été plus perfectionnées, et qu'enfin il y a eu un intérêt plus grand à connaître les ressources et la nature des pays dans lesquels on devait faire la guerre.

Ce rôle, chez les anciens, avait peu d'importance, car leurs armées étaient peu nombreuses et formées de soldats qui portaient, indépendamment de leurs armes, leur nourriture pour plusieurs jours. Ces armées, d'ailleurs, n'avaient besoin d'être suivies que d'un train peu considérable, en raison de l'éducation donnée au soldat et de la nature des armes que l'on employait.

Marcher à l'ennemi sur une, deux ou trois colonnes au plus, formait, sous ce rapport, toute leur science, et l'on ne voit pas qu'aucun écrivain ancien loue un général d'avoir été plus particulièrement habile dans cette partie de l'art de la guerre.

Les anciens, et les Romains principalement, avaient l'habitude de fortifier leurs camps, et dans ces camps, qu'ils construisaient le plus souvent en une seule nuit, ils étaient parfaitement à l'abri des entreprises de l'ennemi, et ils y renfermaient tous leurs *impedimenta*. S'ils étaient conduits, par suite d'un séjour prolongé dans le pays qu'ils occupaient, à établir des magasins, ces magasins n'étaient jamais en grand nombre, car ils avaient pour maxime que la guerre doit nourrir la guerre, et qu'une armée, dès qu'elle avait pénétré sur le territoire de l'ennemi, devait y trouver les moyens d'y vivre.

On comprend combien un pareil système devait rendre les mouvements des armées plus aventureux que chez les modernes, puisqu'elles avaient infiniment moins à se préoccuper de leur ravitaillement en vivres et en munitions. Une remarque à faire cependant : c'est que, lorsque chez les Romains, devenus souverains maîtres, les voies de communication se perfectionnent pour leurs armées, ainsi que les moyens de les faire vivre ; que des voies stratégiques, que l'on admire encore de nos jours, unissent Rome à tous les points importants de la frontière, et que les troupes entourent de fortifications permanentes les positions qu'elles occupent ; que c'est à ce moment que se manifeste leur décadence militaire, malgré l'accroissement beaucoup plus grand des moyens matériels, comme pour témoigner que l'art de la guerre a pour élément essentiel, à toutes les époques, l'homme lui-même, et que, lorsque cet élément s'amoindrit ou dégénère, l'art périclite également.

Après la chute de l'empire romain, et dans l'intervalle qui sépare les temps anciens des temps modernes, la science qui consiste à mouvoir et à faire vivre les armées ne mérite guère d'être étudiée. Elle ne commence à naître et à se développer que pendant la première période des temps modernes, celle de la féodalité ; mais elle est encore dans l'enfance.

Par suite de la rareté ou du mauvais état des voies de communication, et du manque d'un pouvoir central pouvant subvenir, avec quelque durée, aux besoins des gens de guerre, les armées se meuvent lentement, traînant à leur suite un nombre considérable de charrois, et très-souvent leurs chefs ignorent, faute de connaissances géographiques suffisantes, l'endroit précis où ils se trouvent.

On ne voit que des essais imparfaits pour la marche et

l'administration des armées, au milieu desquels la logistique prend naissance.

C'est dans la seconde période, celle qui se rapporte à la jeunesse de la plupart des peuples de l'Europe, alors que la royauté se consolide et que les armées deviennent permanentes, que se font voir les progrès de cette science. En France, des instructions règlent la marche des troupes, et, dès le règne de Charles VII, on trouve des agents, désignés sous le nom de *commissaires des guerres,* qui sont chargés d'assurer leur subsistance. L'armée vit toujours avec les denrées que fournissent les habitants du pays ; mais les réquisitions sont plus régulières, et sont obtenues au moyen de marchés passés avec des entrepreneurs, ou munitionnaires, au lieu d'être le produit des exactions des gens de guerre, ainsi que cela avait le plus souvent lieu jusqu'alors. Les armées sont d'abord peu nombreuses, et, ne devant rester en campagne qu'un temps limité, elles traînent, comme celles des anciens, tout avec elles.

L'état encore imparfait des chemins et l'approvisionnement plus grand dont elles doivent se pourvoir, par suite de l'emploi des armes à feu, ainsi que le peu de mobilité de l'artillerie, que l'on commence à employer, rendent les marches lentes et incertaines. Maurice de Nassau, dans la seconde moitié du seizième siècle, y apporte plus de régularité ; mais les mouvements qu'il exécute avec son armée, subordonnés à la guerre de siége, qu'il a adoptée de préférence contre les Espagnols, sont peu étendus, et il était réservé à Gustave-Adolphe, quelques années plus tard, d'imprimer à la logistique une impulsion décisive par l'adoption de ce que l'on a appelé depuis *une base* et *une ligne d'opérations.* Ayant augmenté, dans l'armement de ses troupes, la proportion des armes à feu, il dut songer à leur ravitaillement en munitions, et il y pourvut en s'emparant de quelques places fortes, avant de s'aventurer en pays ennemi. Ces places fortes formaient, pour son armée, une base d'opérations, à laquelle elle pouvait toujours se rattacher au moyen de lignes d'opérations.

La science qui consiste à mettre en mouvement les armées et à pourvoir à leur entretien prenait dès lors une importance qui, depuis, n'a fait que s'accroître; à ce point que beaucoup d'écrivains militaires veulent y voir la stratégie tout entière, alors qu'elle n'en est qu'une partie ou l'un des moyens d'exécution, puisque la stratégie embrasse, comme direction, tout ce qui constitue l'action de la guerre : savoir la marche et le combat.

Gustave-Adolphe put réduire, de la sorte, les *impedimenta* qui gênaient la marche de son armée, et il fut conduit également à adopter un système de **campement** plus rationnel, en ne s'entourant plus de ses voitures, ainsi qu'on le faisait précédemment. Cela lui permit de se maintenir en Allemagne, à l'imitation de ce qu'avait fait Annibal en Italie; mais il est vrai de dire que son armée était peu nombreuse et pouvait vivre des ressources que fournissait le pays. Il l'avait habituée, nous dit Guibert, à supporter les privations sans murmure. Les marches de Gustave-Adolphe, cependant, se ressentirent des hésitations qui accompagnent de premiers essais, et n'eurent point la hardiesse de celles de Turenne, qui vient après lui, et qui a porté la science de faire mouvoir les armées à un point de perfection que peu de capitaines ont surpassé depuis. Turenne, on le sait, fut presque toujours à la tête d'armées peu nombreuses; car il était d'avis que toute armée qui dépasse 50,000 hommes devient incommode au général qui la commande, aux troupes qui la composent et aux administrateurs qui l'approvisionnent. Il en résultait que le soldat pouvait vivre sur le pays, moissonner au besoin et se passer même de magasins.

Après la mort de Turenne, les armées deviennent beaucoup plus nombreuses, et le mode employé pour faire mouvoir et vivre les troupes subit d'importants changements. Le ministre Louvois, secondant l'ambition de Louis XIV, donne une importance extrême à l'administration, ainsi qu'à l'établissement des magasins, afin de mieux assurer le succès des opérations militaires. On ne peut nier, en effet, que l'établissement des magasins ne procurât, à cette époque, un grand avantage à l'armée française, en la rendant toujours prête à entrer en campagne, tandis qu'auparavant les mouvements étaient subordonnés à bien des causes, aux empêchements qu'apportaient les saisons, etc.

A cette époque, d'ailleurs, il se produisait en France une grande amélioration dans les voies de communications; car le ministre Colbert mettait à exécution les projets de Sully, en faisant construire de grandes routes sur tous les points du territoire, ce qui devait encore favoriser les tendances de Louvois.

Par suite de l'adoption très-étendue des magasins, les places fortes acquirent beaucoup d'importance, puisque ces magasins avaient besoin d'être mis à l'abri des incursions de l'ennemi, et la guerre prit un caractère méthodique et compassé qui devait en retarder les progrès. Il devint de règle qu'une armée ne pouvait s'éloigner de plus de cinq jours de marche de ses magasins sans être obligée d'en créer de nouveaux, ce qui devait forcément ralentir les opérations. Aussi les guerres de Louis XIV sont-elles plus régulières et moins aventureuses que celles qui les ont précédées ; ce sont celles d'un gouvernement qui, fixé au centre de ses États, cherche à étendre ou à consolider son territoire ; en un mot, ce sont des guerres politiques, ainsi que le fait remarquer Guizot dans son *Histoire de la civilisation en Europe.*

Les armées, tant qu'elles se trouvaient hors du rayon d'action de l'ennemi, marchaient sur plusieurs colonnes, et elles campaient sous la tente ; car, en raison du nombre des troupes et de la durée plus longue qu'avaient les guerres à cette époque, on préférait ce mode d'action à celui de les faire cantonner. Elles conservaient, dans l'une et l'autre circonstance, autant qu'elles le pouvaient, l'ordre qu'elles devaient prendre sur le champ de bataille ; mais les convois qui les accompagnaient et l'obligation où elles se trouvaient de suivre des routes déterminées, ralentissaient leur marche et ne permettaient guère de dérober cette marche à l'ennemi, non plus que de le surprendre, et c'est ce qui explique la nécessité où l'on fut alors d'employer, en bien plus grand nombre, des troupes légères, dont le rôle consistait à éclairer et à couvrir l'armée.

Frédéric II, que l'on doit citer ensuite, sut donner une mobilité plus grande à l'armée prussienne, grâce à l'ordre meilleur qu'il apporta dans l'administration et la conduite de ses troupes. On le vit, pendant la guerre de Sept ans, faire bivaquer son armée, au lieu de la faire camper sous la tente et la faire nourrir aussi par l'habitant ; mais il ne le fit que par occasions, sans s'affranchir du système de magasins et de campement, établi à la suite des guerres de Louis XIV et qui fut généralement employé jusqu'à l'époque de la Révolution française.

La Révolution française inaugure la troisième **période** de l'existence des peuples, celle dans laquelle la nation s'arme tout entière, et qui correspond à leur virilité. La logistique devient plus active et plus féconde en résultats ; mais c'est en exigeant de grands efforts de la part du combattant et en ne craignant pas de le sacrifier même, s'il ne résiste point aux fatigues et aux privations que nécessite le nouveau système de guerre. Dans ce système, les magasins et les manutentions sont supprimés et remplacés par des réquisitions ou bien en faisant nourrir le soldat par l'habitant. On abandonne également l'usage des tentes, dont il est difficile de pourvoir des troupes aussi nombreuses, pour camper ou pour cantonner. L'organisation de l'armée en divisions, composées de troupes de toutes armes, favorise ce système, en permettant de s'étendre davantage et de vivre plus facilement sur le pays. Les armées républicaines, partagées en divisions de huit à dix mille hommes, marchent sur un grand front, ayant entre elles plusieurs lieues et même quelquefois plusieurs jours de marche ; ce qui, à côté de l'avantage de développer une initiative et une liberté d'action plus grandes dans chacune de ces divisions, présente l'inconvénient d'une trop grande dissémination dans plusieurs circonstances de la guerre.

Napoléon Ier, devenu empereur et ayant à mettre en action des forces plus considérables, modifie cette organisation de manière à obtenir une concentration plus grande. Il crée des corps d'armée forts de deux à cinq divisions, dont l'infanterie forme la partie principale, avec de l'artillerie pour les soutenir et de la cavalerie pour les éclairer, en les mettant en mesure de pouvoir combattre séparément, comme le faisait précédemment la division, mais en plus grand nombre, l'effectif de ces corps d'armée pouvant être de vingt-cinq à trente mille hommes. Il forme, en outre, des réserves, uniquement composées de cavalerie ou d'artillerie, qui, avec la garde, réserve choisie d'infanterie, lui donnent les moyens de porter des coups décisifs, et, de la sorte, il peut faire mouvoir des armées de 150 à 200,000 hommes, avec autant de rapidité que cela avait lieu, avant lui, pour une armée de 60,000. Il emploie également, pour faire vivre les troupes en pays ennemi, le système des réquisitions ou bien le logement chez l'habitant; mais il ménage davantage les ressources du pays, quoique cependant ce ne soit point sans soulever le mécontentement des populations, qu'un pareil système exaspère toujours. Il peut ainsi subvenir à l'entretien de ses troupes dans des pays abondants, comme l'Allemagne et l'Italie, où d'ailleurs les chemins de communication étaient faciles; mais dans un pays dénué de ressources, comme la Russie, où l'on pouvait lui opposer des obstacles résultant de la distance et du climat, il voit ses combinaisons échouer, parce que, ne conduisant point des hordes barbares, des besoins desquelles il n'eût point eu à s'occuper, il avait, au contraire, à pourvoir à tous ceux d'une armée moderne nombreuse, et que la difficulté ne consistait pas seulement à former à l'avance des approvisionnements, mais encore à pouvoir leur faire suivre cette armée.

Ainsi les guerres de Louis XIV, comme celles de la Révolution française et du premier Empire, montrent que, dans le système de guerre moderne, l'effectif des troupes ne pouvait dépasser une certaine limite, variant suivant les ressources du pays, sans que les opérations fussent bornées, si l'on cherchait à faire vivre ces troupes d'une façon régulière, ou bien sans une grande déperdition d'hommes et quelquefois même un grand désordre, si les moyens dont on disposait n'étaient pas suffisants, ou si l'on ne pouvait y pourvoir, par suite des difficultés qu'opposait la nature du pays.

Depuis ces guerres, la logistique a pu utiliser une découverte qui, plus que toutes celles qui l'ont précédée, doit la transformer à l'état de science. Cette découverte devait être celle d'une époque appelée à étendre l'influence de la civilisation par l'accroissement de la puissance matérielle ; c'est celle de la vapeur appliquée à la locomotion et qui a pour effet de remplacer la marche par le transport. Les chemins de fer font disparaitre les obstacles naturels qui séparaient les peuples, tels que les fleuves et les montagnes, et à ce point de vue ils sont l'élément le plus puissant qui puisse aider à les rapprocher, en faisant naître pour eux les mêmes intérêts.

Si l'on se borne cependant à considérer leur rôle, en ce qui se rapporte à l'action de la guerre, on trouve que les principales circonstances où leur emploi trouve son application sont les suivantes :

1° Ils servent à accélérer la mobilisation, ce qui, pour les armées actuelles, a une importance considérable.

2° Les troupes étant mobilisées, ils peuvent les transporter rapidement sur le théâtre des opérations, avec une vitesse cinq à six fois plus grande, en moyenne, que celle qu'elles emploieraient sur les routes ordinaires.

3° Ils sont le principal moyen de transport dont on peut se servir pour les approvisionnements et le ravitaillement d'une armée, ce qui permet de faire mouvoir et de faire vivre le grand nombre de combattants que l'on met actuellement en campagne.

Enfin comme services accessoires, mais n'en ayant pas moins de l'utilité, ils permettent d'évacuer plus rapidement, et dans de meilleures conditions, les blessés et les malades, ainsi que les prisonniers de guerre.

Si l'on examine ces propriétés diverses des chemins de fer, on voit d'abord que, par suite d'une plus grande rapidité de mobilisation, leur premier effet sera de verser dans les rangs de l'armée un très-grand nombre d'hommes de la réserve, plus grand même que celui qui se trouve sous les drapeaux, qui, brusquement arrachés à leurs foyers, et sans qu'ils aient eu le temps de se faire à leur vie nouvelle, pourront, du jour au lendemain, se trouver en présence de l'ennemi. C'est là une cause d'infériorité des armées modernes à laquelle leur organisation permet plus ou moins de remédier.

La facilité que les chemins de fer offrent ensuite pour concentrer les troupes en grande quantité sur certains point, et pouvoir, quelle que soit la nature du pays, les y faire vivre, semble avoir pour conséquence de les fixer sur leur parcours, ainsi que l'ont fait voir les dernières guerres. On l'a vu en Amérique, pendant la guerre de la sécession ; en Italie, pendant la campagne de 1859 ; en Allemagne, pendant la guerre de 1866 entre l'Autriche et la Prusse, et enfin en 1870-71, dans la guerre franco-allemande. Toujours les armées ont cherché à se rapprocher des voies ferrées, pour leurs diverses opérations, et elles s'en sont bien rarement éloignées.

Il est facile de s'en rendre compte si l'on considère que la question des approvisionnements est, avec les effectifs considérables des armées actuelles, une question d'une extrême importance, et que ces armées ne pouvant subvenir à tous leurs besoins, à l'aide seulement de réquisitions ou du logement chez l'habitant, sont forcées d'être toujours en communication avec leurs bases d'approvisionnement. Ces bases ou dépôts peuvent être échelonnés, et placés même à des distances assez grandes de l'armée, car leur principale condition est de se trouver en lieu sûr, et les chemins de fer permettent, à cet effet, de tenir moins compte des distances, pourvu que leur parcours soit toujours assuré.

Il en résulte, comparativement à ce qui avait lieu dans les guerres précédentes, où les réquisitions et le logement chez l'habitant étaient presque exclusivement en usage, un nouveau mode d'approvisionnement pour les armées, que l'on peut employer concurremment avec les précédents, mais que rend seul possible l'emploi des chemins de fer. On ne peut, en effet, songer à ravitailler, de nos jours, les armées uniquement avec des convois de voitures, qui seraient beaucoup trop longs et auraient, par suite, l'inconvénient de trop retarder leurs mouvements.

Un autre motif conduit encore à ne pas trop s'écarter des voies ferrées, c'est que ces voies sont artificielles en quelque sorte et faciles à mettre hors de service; de sorte que si les lignes d'opérations sont devenues plus rapides à parcourir, en revanche elles sont plus fragiles, et qu'une armée a toujours à craindre pour la sûreté de ses communications, et doit sans cesse se tenir en garde contre les entreprises que l'ennemi peut tenter pour les détruire.

Ces considérations font que les armées ont une tendance toute naturelle à ne pas s'éloigner des chemins de fer; mais en s'astreignant à suivre ces voies toutes tracées et parfaitement connues, elles facilitent pour l'ennemi la connaissance des mouvements qu'elles peuvent exécuter, car des troupes mises en chemin de fer doivent en suivre le parcours sans pouvoir modifier leur itinéraire avec la même facilité qu'autrefois. Il en résulte, pour elles, une nécessité plus grande de couvrir leurs mouvements ou de s'opposer assez à temps à ceux de l'ennemi, au moyen de troupes légères et principalement de cavalerie.

Jusqu'à ce que l'on fît emploi des chemins de fer, une armée, déjà supposée sur le théâtre des opérations et qui opérait un mouvement, partait d'une base d'opérations si ce mouvement était offensif, ou bien d'une ligne de défense si elle conservait la défensive ; puis, en se servant de lignes d'opérations, c'est-à-dire des diverses voies de communication alors en usage, elle se portait vers l'objectif qu'elle avait en vue ou elle rétrogradait vers une nouvelle ligne de défense. Mais dans cette marche, soit en avant, soit en arrière, l'armée, fractionnée en plusieurs colonnes qui suivaient des chemins différents et assez rapprochées pour qu'elles pussent se soutenir mutuellement, devait établir, tous les cinq ou six jours de marche, de nouvelles bases ou de nouvelles lignes de défense, dites éventuelles ou passagères, sur lesquelles elle reportait ses magasins.

Une armée avançait ou reculait ainsi, en rétrécissant

de plus en plus son front d'opérations ou son front de défense, à mesure qu'elle se rapprochait de l'ennemi ou que ce dernier, au contraire, se rapprochait d'elle. Lorsqu'enfin les deux armées étaient à portée l'une de l'autre, chacune d'elles choisissait des points de concentration, que des écrivains militaires ont encore désignés sous le nom de *base de manœuvres;* puis, partant de cette base nouvelle, n'exécutait plus que les mouvements destinés à amener le combat, et qui, faisant partie des évolutions, rentraient dans le domaine de la tactique.

Si l'on cherche à se rendre compte des modifications que l'emploi des chemins de fer peut apporter à ce système, on voit que les bases d'opérations, ainsi que les lignes de défense successives, et jusqu'aux fronts même d'opérations ou de défense, pourront être plus étendus, puisqu'il sera plus facile de relier entre eux les divers corps qui occuperont leurs parcours ; que la distance qui les séparait pourra également être plus grande, puisque, par suite du remplacement de la marche par le transport, une troupe peut parcourir en une seule journée la distance qu'elle mettait auparavant cinq à six jours à franchir.

On pourra utiliser comme autant de bases d'opérations, de lignes de défense, de fronts d'opérations ou de défense, les voies ferrées parallèles à la frontière, et qui sont concentriques au principal ou aux principaux centres de résistance du pays, et prendre pour lignes d'opérations celles qui sont transversales et partent de ces points centraux pour se diriger vers la frontière en traversant les premières.

L'attaque ainsi que la défense pourront de la sorte,

non-seulement s'étendre davantage, mais encore s'échelonner sur une profondeur beaucoup plus grande, car on pourra faire affluer sur les lignes qui se trouvent les plus rapprochées de l'ennemi des renforts et des approvisionnements pris en des points beaucoup plus éloignés.

Il ne sera même plus nécessaire de placer, comme auparavant, ces approvisionnements dans dés places fortes ou des postes fortifiés, ainsi que cela avait lieu pour les magasins successifs que l'on était obligé de créer ; de sorte que l'ancienne manière de faire vivre une armée, et qui consistait en bases d'approvisionnement, est remplacée par celle de lignes plus ou moins profondes de ravitaillement.

L'emploi des chemins de fer a donc fait succéder, pour la marche des armées et leur mode de subsistance, l'ordre dispersé à l'ordre en colonnes plus ou moins rapprochées, qui existait auparavant, dans lequel elles ne pouvaient se déployer que par intervalles seulement. Il permet de disséminer davantage les troupes et de pouvoir les concentrer au besoin sur des espaces où, sans eux, elles auraient de la peine à vivre. Dans un pays où le réseau serait bien constitué, c'est-à-dire où il y aurait des lignes parallèles à la frontière suffisamment espacées, et d'autres rayonnant des principaux centres vers les points les plus importants de cette frontière, il serait difficile de percer de front toutes ces voies parallèles, ce qui revient à dire qu'une invasion directe offrirait plus de difficultés qu'autrefois, pour peu que l'armée du pays que l'on envahirait ainsi fût sur ses gardes ; mais, par contre, avec le nouveau système de lignes d'opérations qui se réduisent à quelques voies rayonnantes, sur lesquelles les troupes ne peuvent se mettre en mouvement que par convois successifs et échelonnés, les entreprises faites contre ces lignes d'opérations ou sur leurs flancs deviendraient beaucoup plus faciles. On voit en effet combien, en raison de la nature même du mouvement effectué, où la marche est remplacée par le transport, une troupe surprise dans ces conditions est peu en mesure de repousser une attaque, et combien encore, par suite de leur fragilité même, ces nouvelles voies de communication sont exposées à être coupées ou interceptées dans leurs parties les plus essentielles, telles qu'un pont, un viaduc ou un tunnel, ce qui met une armée en danger d'être privée des renforts ou des approvisionnements que pourraient lui fournir les dépôts situés en arrière de la position qu'elle occupe, et cela d'autant plus même qu'elle sera plus concentrée.

Ces deux propriétés qu'introduit dans le mouvement des armées l'emploi des chemins de fer, de rendre la position qu'elles peuvent occuper moins accessible sur leur front et beaucoup plus abordable sur leurs flancs, seront d'autant plus marquées que le développement et la configuration des frontières, ainsi que l'étendue ou la nature du pays, pourront s'y prêter davantage. On comprend aisément qu'une armée envahissante aura d'autant plus de chances de succès qu'elle pourra, à l'aide des chemins de fer dont elle disposera, envelopper une portion plus grande de la frontière envahie ; et qu'ensuite elle aura une distance moindre à parcourir pour atteindre le principal centre de défense de l'adversaire, ou bien encore que le genre d'obstacles qu'elle rencontrera sera de nature à moins l'arrêter dans sa marche. A moins donc de particularités exceptionnelles dans la configuration du pays, c'est-à-dire d'obstacles particuliers, l'emploi des chemins de fer favorise, à ce point de vue, les grandes puissances, c'est-à-dire celles dont le territoire est étendu, au détriment des petites.

Mais toutes ces considérations sont fondées sur l'hypothèse qu'une armée, après s'être portée sur la frontière du pays envahi, a pu y pénétrer et s'y maintenir, ce qui ne sera possible qu'autant que cette armée sortira victorieuse des premiers engagements qu'elle aura à livrer; car, plus que les voies ordinaires en usage jusque-là, les chemins de fer auront pour effet de mettre les armées en présence. Dès le début des opérations, elles seront en mesure de combattre avec la majeure partie de leurs forces, et de livrer une bataille qui mettra le vainqueur en possession des lignes ferrées qu'il aura déjà pu atteindre, comme l'ont démontré les dernières guerres, où la prise de possession des lignes a toujours suivi de près les succès de l'envahisseur.

C'est ainsi que la science, en fournissant des moyens plus perfectionnés pour la marche et le mode de subsistance des armées, et en rendant, par suite de la nature même de ces moyens, la logistique encore plus distincte de la tactique, puisqu'une troupe transportée en chemin de fer n'est guère en mesure de combattre, contribue, plus que par le passé, à augmenter leur dépendance mutuelle. Une seule bataille, en effet, peut, sans coup férir, rendre maître de lignes importantes de chemins de fer; et inversement, la prise ou la destruction de ces lignes peut, par cette action seule, assurer le gain d'une bataille, dans les pays principalement qui sont dépourvus d'obstacles naturels. Cela tient à ce que les moyens fournis par la science sont tout mécaniques et qu'ils n'ont de valeur que celle que l'homme peut leur donner; or, du moment qu'il les emploie d'une façon absolue, tout lui manque dès qu'ils viennent à lui manquer. Ces moyens ont également pour conséquence d'amoindrir son individualité, en ce qui se rattache à la logistique, c'est-à-dire ce caractère particulier qui distinguait une réunion d'hommes d'une même provenance, et qui établissait entre eux, au milieu des épreuves d'une campagne, un lien et une cohésion que l'on ne peut plus retrouver dans les transports collectifs qui remplacent les marches d'une troupe, et dans lesquels le nombre seul semble avoir de l'importance.

Malgré le danger cependant de voir les voies ferrées dont elles disposent tomber en la possession de l'ennemi, à la suite d'une seule bataille, les armées s'en sont servies, jusqu'ici, pour se porter plus rapidement à la rencontre les unes des autres, en mettant toutes leurs troupes actives en présence, et ne gardant en réserve que celles destinées à la défense du territoire. Mais, par suite de la nécessité beaucoup plus grande de couvrir les mouvements de ces armées, les troupes actives devront se partager en deux parties plus distintes que par le passé: l'une composée exclusivement de troupes légères, en nombre beaucoup plus grand qu'avec les voies ordinaires, et l'autre, formée de la portion la moins aguerrie, qui pourra, sous la protection de la première, suivre en toute sécurité les voies ferrées et opérer sa concentration sur certains points du théâtre d'opérations.

C'est cette obligation plus grande d'éclairer la marche des armées, qui provient de ce que l'on remplace cette

marche elle-même par leur transport, plus difficile à dérober à l'ennemi, et plus exposé à ses entreprises, qui
marque le changement le plus notable apporté à la
logistique, par l'emploi des chemins de fer. Si l'on veut,
à l'avenir, concentrer sur certains points des masses
assez considérables, on ne pourra le faire qu'autant que
leurs mouvements seront dérobés à l'ennemi par un
grand nombre de troupes légères, et principalement par
de la cavalerie, la seule arme qui puisse, à cet effet, agir
séparément.

L'emploi de cette cavalerie permettra d'opérer sans
danger les grandes concentrations de troupes que les
chemins de fer donnent le moyen d'effectuer, de même
qu'il facilitera leur subsistance en les faisant précéder
en avant par un service d'exploration chargé de faire,
dans les localités où elles devront se rendre, les réquisitions nécessaires. La cavalerie devient ainsi, dans la
mise en mouvement d'une armée, l'arme qui y jouera
le principal rôle.

Dans ce mouvement l'armée pourra être plus dis-
persée et plus échelonnée en profondeur qu'elle ne l'était
avant que l'on fît usage des voies ferrées, sans crainte
de se voir attaquée, sur son front d'opérations, par une
masse ennemie, et avec la possibilité de pouvoir s'y concentrer elle-même rapidement, si elle était menacée.
Mais avec la multiplicité des voies ferrées, qui ne fait
que s'accroître, on peut déjà prévoir que l'effet de ces
concentrations rapides étant une bataille inévitable, qui
peut mettre en un jour toutes ces voies, qui constituent
la richesse d'un peuple, entre les mains du vainqueur,
ce peuple cherchera, par toute sorte d'obstacles, à arrêter la marche de l'envahiseur, et l'on verra également

se multiplier les places fortes, forts d'arrêts, etc.; ce qui aura pour résultat de localiser la guerre et de la rendre moins décisive. Il se produira pour la logistique, et par des moyens différents, ce qui avait lieu dans la première période de son existence, au moyen âge, où la guerre était également localisée, et où l'on voyait les principales routes commandées par des châteaux forts, ainsi que les principaux passages interceptés. Mais cette dernière période sera celle de la vieillesse d'un peuple, qui ne cherche plus sa défense que dans les moyens matériels. L'avenir alors pourrait peut-être lui démontrer combien c'est à tort qu'il confie le sort de la défense à ces seuls moyens; car les chemins de fer n'ont une réelle utilité que pour les concentrations faites à de grandes distances, et pour des distances moindres, leur emploi peut, au contraire, tourner au détriment de celui qui en a fait usage en se tenant sur la défensive.

S'ils ont, en effet, abrégé les distances, ils ont également agrandi la sphère rapprochée qui sépare deux armées prêtes à en venir aux mains : car, si ces deux armées sont aujourd'hui à cinq ou six journées de marche, c'est comme si, avant leur emploi, elles s'étaient trouvées à une journée seulement. Or, si l'on fait cette remarque qu'un corps d'armée, que l'on peut considérer comme l'unité dans le mouvement des masses de troupes, met de quatre à cinq jours pour son transport, en chemins de fer, on voit que, lorsqu'il ne s'agit que de cinq journées ou de cinq étapes, l'avantage de ce transport disparaît; de sorte qu'une troupe aguerrie et habituée à la marche, parvenue à cette distance de l'ennemi, n'aura plus à craindre qu'il se concentre en nom-

bre trop grand, et pourra même y mettre obstacle
en détruisant, dans ce rayon d'action, ses chemins de fer.

C'est ainsi que l'emploi des chemins de fer, en agran-
dissant, dans cette proportion, la distance que l'on peut
appeler rapprochée, qui sépare deux armées, qui se sont
concentrées et qui sont sur le point de livrer bataille,
favorise l'offensive; à une condition toutefois, c'est que
l'armée qui la prend dispose de soldats aguerris et capa-
bles d'effectuer des marches rapides; car, c'est dans
cette sphère rapprochée qu'ils pourront le mieux exercer
leur action individuelle, et qu'en même temps qu'ils se
serviront des chemins de fer pour se concentrer eux-
mêmes en nombre, ils pourront rendre inutiles et sans
effet ceux de l'ennemi.

IV

TACTIQUE.

La tactique a pour but de disposer les troupes à portée de l'ennemi, et de leur faire exécuter des manœuvres en vue du combat. Elle a pour auxiliaire la fortification, qui est comme le bouclier d'un combattant, soit qu'il y ait lieu d'élever des retranchements passagers, afin de combattre avec plus de chances de succès, ou bien d'attaquer ou de défendre une place forte.

Son action est de deux sortes : le jet et le choc, que l'on trouve à l'origine des combats de l'homme ; car, de même qu'en logistique, il s'est servi d'un instrument de plus en plus perfectionné pour se porter plus rapidement en présence de son ennemi ; de même, en tactique, il a voulu l'atteindre et le frapper, au moyen d'une arme de jet, avant de pouvoir le joindre et l'attaquer de près.

Comme la logistique également, la tactique s'est étendue à mesure que la science a mis à sa disposition des moyens plus puissants, et l'on peut se convaincre qu'il y a eu dans leur mode d'action, à toutes les époques, une grande ressemblance.

Chez les anciens, la tactique était, à cause de la na-

ture de leurs armes, peu compliquée. Ils n'avaient pas
à se préoccuper beaucoup de la disposition du terrain
sur lequel ils engageaient le combat, et comme ils at-
tachaient peu d'importance à leurs lignes de communication, ils avaient moins à assurer les flancs de leurs
positions et à éviter d'être tournés : car, dès qu'ils en
étaient venus aux mains, l'action devait être décisive,
le vaincu pouvant difficilement échapper à la poursuite
du vainqueur. Aussi se bornaient-ils, dans une bataille,
à aborder l'ennemi de front, s'ils étaient en nombre égal
et s'ils comptaient sur la supériorité de leur armement
et de leur ordre de combat ; mais s'ils étaient en nombre
moindre, ils attaquaient, et ceci doit être considéré
comme leur plus grand progrès en tactique, en portant
sur un ou deux points de la ligne ennemie des troupes
plus nombreuses ou leurs meilleures troupes, et tenant
le reste hors de portée jusqu'à ce que le succès fût dé-
cidé sur les points attaqués. On appela cet ordre oblique,
bien qu'il ne fût pas nécessaire que le front d'un ordre
de bataille dessinât toujours une ligne oblique par rapport à celui de l'ennemi, le terrain et les circonstances
s'opposant souvent à une telle régularité. Mais on peut
dire cependant que, chez les anciens, leur ordonnance
et la nature de leurs armes permettaient de se rapprocher de cette formation plus que ne l'a permis, depuis,
l'emploi des armes à feu. Ce qui établissait chez eux une
supériorité très-grande d'une armée sur une autre, c'est
que l'individualité du combattant était très-développée
et que, dans des combats où l'on s'abordait de près, la
nature des armes employées et l'ordre de bataille
adopté avaient une grande influence. C'est ce qui explique la domination si longue de quelques peuples de

l'antiquité sur ceux qu'ils avaient vaincus, domination qui ne s'est point renouvelée chez les modernes.

L'infanterie était pour eux l'arme principale; car leurs armées n'ayant pas besoin d'occuper de grands espaces et de s'éclairer au loin, il en résultait que la cavalerie avait peu d'importance et pouvait être en petit nombre. Ce ne fut que lorsqu'ils firent un usage plus fréquent des machines de guerre, et que leurs armées s'abordèrent moins, qu'ils augmentèrent leur cavalerie et qu'ils eurent l'idée d'en tirer un meilleur parti. Ils firent en même temps plus souvent emploi de la fortification passagère, soit pour accroître la résistance de quelques points du champ de bataille, soit pour former des retranchements qui devaient servir à défendre leurs camps ou les postes qu'ils occupaient.

La fortification passagère leur procurait des avantages qui n'existent plus autant pour les modernes; car, ayant peu à redouter les armes de jet de l'assaillant, ils pouvaient monter sur l'épaulement et, de là, le rejeter plus facilement dans le fossé. Aussi faisaient-ils un grand emploi des défenses accessoires, lesquelles se sont perpétuées jusqu'à nos jours, avec très-peu de modifications.

Si l'on examine ensuite leur mode de fortification permanente, on voit qu'elle réalisait toutes les conditions favorables à la défense. Indépendamment de la résistance qu'elle présentait par sa construction même en maçonnerie, et de l'abri qu'elle procurait à l'assiégé, elle lui permettait aussi de faire une défense active. Cela tenait à ce que les machines balistiques dont on se servait contre les murailles étaient sans effet à distance, ce qui forçait l'assiégeant à se rapprocher; que les moyens d'approche étaient lents et difficiles, et qu'enfin, parvenu au pied des remparts, il ne pouvait le franchir qu'avec de grands efforts, la disposition de l'enceinte et son relief élevé favorisant la défense rapprochée et pied à pied des divers ouvrages, c'est-à-dire celle où l'action individuelle de l'assiégé pouvait le mieux se produire. C'est ce qui explique la longue durée des siéges anciens, durée qui se prolongeait d'autant plus que les habitants, par crainte du sort qui leur était réservé après la prise de leur ville, prenaient également part à la défense.

En ce qui se rattache à la tactique des armées anciennes, il y a lieu de faire la même remarque que pour la logistique : c'est que ce fut au moment où leurs moyens matériels furent le plus perfectionnés, et qu'elles firent le plus souvent usage d'armes de jet ou de machines balistiques, que ces armées devinrent moins manœuvrières et s'abordèrent moins. Leurs opérations se bornaient le plus souvent à prendre une position défensive, et les batailles devinrent moins décisives, parce que l'action du jet avait presque entièrement remplacé celle du choc. C'est l'époque qui marque leur décadence, et qui amène l'envahissement de l'empire romain. Un seul débris en reste, l'empire grec, qui a pour capitale Constantinople, et qui sert de dernier refuge à tout ce qui survit de la civilisation ancienne. Cet empire trouve dans une invention pyrotechnique, le feu grégeois, le moyen de prolonger de plusieurs siècles encore son existence ; mais cette découverte ne pouvait suppléer entièrement à la dégénérescence du combattant.

Dans les temps qui suivent l'invasion des barbares, il faut, comme pour la logistique, distinguer quatre périodes. Dans la première, celle de la féodalité, la tactique se montre dans le combat individuel, mais encore à l'état d'enfance. La cavalerie est, dans ces conditions, l'arme principale, et l'infanterie ne consiste guère qu'en un assemblage confus de gens à pied, armés d'une façon irrégulière, destinés seulement à engager le combat et à servir de soutien à la cavalerie. Les croisades cependant commencent à montrer son importance, et, dans la première moitié du xive siècle, une démonstration plus complète est fournie par l'infanterie suisse, qui, pour résister à des gens à cheval, retrouve, comme une organisation toute naturelle, celle de la phalange grecque, en se réunissant en masse et en ordre serré.

L'artillerie à feu fait, à la même époque, son apparition sur les champs de bataille, sans que son importance soit bien appréciée, et elle est employée concurremment avec les anciennes machines balistiques.

Quant à l'ordre de bataille usité, c'est l'ordre parallèle, chacun voulant combattre individuellement, de sorte que les armées s'abordent et s'engagent sur tout leur front, ce qui rend les batailles extrêmement meurtrières.

Ainsi que la tactique, la fortification témoigne de l'état de division de la société, et, par suite, des combattants; car chaque cité s'entoure de murailles, et ce ne sont partout que des châteaux forts. Il en résulte que le genre de fortification que l'on emploie a, comme la manière de combattre, un caractère tout individuel. Basée sur les mêmes principes que celle des anciens, et ayant à résister à des moyens balistiques aussi peu puissants, elle en diffère peu comme construction et permet, comme elle, à la défense d'opposer une résistance de longue durée. En raison de ces difficultés, l'assiégeant se bornait le plus souvent à faire l'investissement d'une place, au moyen de lignes de contrevallation et de circonvallation, et à en attendre la reddition.

C'est à partir de la seconde moitié du xve siècle que la tactique, ainsi que cela s'est également produit pour la logistique, prend de l'extension. Le combat cesse d'être individuel et se perfectionne en se généralisant. Si, dans la période qui s'étend depuis cette époque jusqu'à la Révolution française, on examine le développement des trois armes dont l'action combinée constitue le combat, et aussi celui de la fortification, on voit que la cavalerie perd de son influence, par suite d'un emploi plus étendu des armes à feu. Elle se voit forcée d'abandonner ses armures afin d'avoir plus de mobilité ; mais cette arme néanmoins est longtemps stationnaire avant de trouver son vrai rôle, qui consiste essentiellement dans le choc. Ce rôle, découvert par Gustave-Adolphe, appliqué même avec succès par Charles XII, l'un de ses successeurs, n'est définitivement mis en pratique que sous Frédéric II.

L'infanterie voit sa prééminence augmenter à mesure que les armes à feu portatives se perfectionnent. C'est d'abord l'arquebuse, puis le mousquet, et enfin le fusil vers le milieu du xviie siècle. Enfin, l'invention de la baïonnette, en 1720, achève d'établir cette prééminence en rendant le même homme également propre à l'attaque et à la défense, et lui permettant d'agir à la fois de loin et de près.

D'autres améliorations, telles qu'une profondeur moindre dans son ordonnance, le pas cadencé, introduit par le maréchal de Saxe. contribuent à la rendre plus mobile dans les manœuvres, et Frédéric II trouve dans l'emploi des baguettes de fer le moyen d'augmenter la rapidité de son tir.

L'artillerie voit également son importance s'accroître, comme celle de l'infanterie ; car les progrès de ces deux armes, dus plus spécialement aux découvertes de la science, ont toujours marché parallèlement. Si l'infanterie d'ailleurs était l'arme populaire, l'artillerie était celle d'un pouvoir centralisé, et les souverains tenaient à en avoir le plus possible.

Ses progrès les plus importants durant cette période consistèrent dans la séparation de l'artillerie de siége de celle de campagne ; dans la création de l'artillerie à cheval, dont le but était de soutenir la cavalerie, et enfin dans l'invention et l'emploi des obusiers, qui permettaient de se rendre maître d'un poste retranché, en secondant les attaques de l'infanterie. Ces deux dernières inventions furent dues, comme l'on sait, à Frédéric II.

Les ordres de bataille montrent également les progrès accomplis dans la tactique. On s'écarte de l'ordre parallèle, comme l'avaient fait les anciens, pour adopter d'autres dispositions auxquelles on a encore donné le nom d'*ordre oblique,* bien que cette obliquité y fût encore moins apparente que dans l'ordre qu'ils adoptaient, et qui consistait à occuper et à tromper l'ennemi sur une certaine portion de sa ligne de bataille, et à l'attaquer sur d'autres points avec des forces snpérieures.

L'étendue plus grande du champ de bataille, depuis l'emploi des armes à feu, ainsi que la nature de ces armes, permettaient mieux de dérober ces manœuvres à l'ennemi et d'en assurer le succès. Aussi furent-elles employées, bien que d'une manière encore imparfaite,

par les hommes de guerre les plus remarquables du
XVIe et du XVIIe siècle, Gustave-Adolphe, Montecuculli,
Turenne, Condé, sans que l'on sache à qui en attribuer
la priorité.

Un autre progrès consiste dans la formation des armées
sur deux lignes, avec une réserve, qui formait une
troisième ligne, à l'imitation de ce que faisaient aussi les
anciens à l'époque la plus brillante de leur tactique. On
organise mieux les masses que l'on emploie pour le
combat, en séparant davantage les trois armes qui les
constituent, afin que chacune d'elles produise de plus
grands résultats.

A la fin du XVIIe siècle, dans cette partie de la période
historique que nous considérons, qui suit, pour la France,
la mort de Turenne, la tactique, qui, jusque-là, était
presque exclusivement basée sur l'emploi des armes
de main, décline, comme la logistique, et pour des raisons semblables. De même que les armées, devenues
plus nombreuses, sont plus lentes à se mouvoir; de
même on leur voit adopter un système de guerre dans
lequel on fait un emploi plus général des armes à feu,
et qu'on a qualifié du nom de *guerre de position,* parce
qu'au lieu de courir les risques d'une bataille, les armées
préfèrent fortifier une position et s'y enfermer, tant elles
sont encore peu expérimentées dans les manœuvres.

Ce système de guerre était, en quelque sorte, le corol-
laire de celui qu'on employait dans les marches. Le fusil,
adopté par toute l'infanterie, donnait au terrain une plus
grande importance; l'artillerie, en outre, avait encore
peu de mobilité, et il fallait souvent l'attendre. Puis,
lorsqu'elle était arrivée, on la mettait en position, en
cherchant à la garantir de toute attaque par un retran-

chement. Il en résultait qu'une bataille, au lieu d'être une action générale, se réduisait à des combats partiels ou affaires de postes, et devenait, par suite, moins décisive.

Cette manière de combattre paraissait rationnelle à une époque où, avec un front de bataille assez étendu, on ne faisait point encore usage, ni de carrés, ni de colonnes d'attaque, et où les réserves était peu nombreuses. Aussi le maréchal de Saxe la préconisait-il, et, selon lui, notre infanterie n'était apte qu'à ce genre de combat, le mieux approprié au. caractère du soldat français.

Frédéric II fit sortir la tactique de cette voie, en donnant plus de mobilité à ses troupes, et en ne les fixant plus, d'une façon absolue, à des retranchements. Le système qu'il employait dans son ordre de bataille consistait à se placer sur deux lignes, parallèlement à l'ennemi ; à l'occuper sur son front par des corps d'avant-garde ; et, à la faveur de cette démonstration, à exécuter une marche de flanc, de manière à déborder ou à tourner une de ses ailes.

La grande supériorité que ses troupes avaient acquise dans les manœuvres leur permettait d'exécuter cette marche de flanc, qui, dans d'autres circonstances, n'aurait pas été sans danger ; et cette supériorité, il l'avait aussi obtenue en augmentant la rapidité et la précision du tir de son infanterie. Il avait même une préférence marquée pour ce dernier mode d'action, dans lequel les troupes de cette arme, rangées sur très-peu de profondeur, exécutaient des feux en ligne et se formaient en bataille par des mouvements de flanc et des conversions rapides. Il relevait, en même temps, l'action du choc, amoindrie avant lui, en faisant toujours charger sa cavalerie.

Frédéric II fit ainsi une nouvelle application de l'ordre oblique, et bien que d'autres généraux, parmi les modernes, l'eussent appliqué avant lui, il le mit davantage en lumière, en lui imprimant plus de précision, au point qu'il passe aux yeux de plusieurs écrivains militaires pour l'avoir retrouvé le premier, depuis les anciens. Ce nouveau mode d'emploi de l'ordre oblique, approprié à l'arme nouvelle donnée à l'infanterie, et que faisait encore ressortir une plus grande mobilité donnée à la cavalerie, ainsi qu'à l'artillerie, en se servant de l'artillerie à cheval, donna lieu à des controverses qui remplirent tout le xviiie siècle. Mais ce ne fut point seulement à son sujet que ces controverses eurent lieu ; elles furent encore plus vives, à cette époque, entre les partisans de l'ordre mince, que Frédéric II avait également introduit dans sa nouvelle tactique, et les partisans de l'ordre profond, que l'on appelait de préférence l'ordre français. Les partisans de chacun d'eux, ainsi qu'il arrive souvent, se montraient trop exclusifs, tandis que la meilleure solution consistait dans l'alliance des deux ordres ou des deux actions, le feu et le choc.

A défaut d'autres indications, l'étude de la tactique des anciens pouvait montrer la voie dans laquelle devait s'engager la tactique moderne. Chez eux, en effet, la phalange des Grecs, formée en masse profonde et serrée, et n'ayant qu'une arme de choc, avait été vaincue par la légion romaine, partagée en subdivisions beaucoup plus mobiles, qui avaient, en outre, des armes de jet, et qui, pouvant combattre séparément, laissaient au moindre soldat une plus grande latitude pour son action individuelle.

Si donc on voulait faire progresser la tactique, il fallait s'inspirer de ce qu'ils avaient fait dans la plus belle période de leur histoire militaire, en tenant compte toutefois des modifications que l'emploi des armes à feu pouvait y introduire, et s'attacher à donner un plus libre essor à l'individualité de chaque combattant. Les guerres qui suivirent devaient démontrer que c'était la véritable solution.

La fortification suit, durant cette période, les mêmes phases que la tactique, puisque son rôle est de lui venir en aide, et qu'elle dispose des mêmes moyens, à mesure que la science se perfectionne. C'est à la fin du xve siècle, ou au commencement du xvie siècle, alors que Charles VIII a entrepris son expédidition d'Italie avec une artillerie nombreuse et bien servie, qui le rend maître des forteresses par la seule appréhension qu'elle inspire, que l'on voit apparaître dans ce pays les premiers bastions. L'Italie était alors la contrée la plus civilisée de l'Europe, et la mieux préparée pour cette transformation qui, de là, se propage chez les autres peuples, en affectant plus particulièrement, chez chacun d'eux, une forme répondant à son caractère. Ainsi, tandis que, dans le centre et le midi de l'Europe, le nouveau système de fortification bastionnée comprend des remparts terrassés, dont le flanquement, plus ou moins variable, se fait par la mousqueterie, dès que les armes à feu portatives sont assez perfectionnées pour pouvoir être séparées des autres armes à feu, et pour que le soldat puisse s'en servir plus rapidement que du canon; dans le nord, au contraire, et en Allemagne, notamment, ce système se distingue, de préférence, par des constructions en maçonnerie, contenant de nombreuses casemates, et dont la défense est principalement basée sur l'artillerie. Il en résultait que la première disposition, en raison du peu de portée et du peu d'effet qu'avaient encore les armes à feu, était plus favorable à la défense rapprochée, et par suite à une défense active, puisque l'assiégé pouvait plus facilement avoir recours à l'arme blanche, pour repousser l'assiégeant.

Dans la seconde moitié du xvii° siècle, Vauban crée, en France, ses trois méthodes ou manières de fortification bastionnée, dont la disposition, basée sur la défense successive d'ouvrages qui se protégent mutuellement, est surtout favorable à la défense rapprochée, à l'aide de la mousqueterie, du fusil avec baïonnette, déjà en usage, et permet de faire une résistance active, principalement sur les dehors de la place, auxquels il donne un grand accroissement, tels que le chemin couvert, la demi-lune, les contre-gardes, etc. ; mais il invente, en même temps, de nouveaux moyens d'attaque qui changent les conditions d'équilibre qui s'étaient peu à peu établies entre l'attaque et la défense, depuis que la fortification avait pris une forme nouvelle, et par suite de l'état encore imparfait dans lequel se trouvait l'artillerie. Ces moyens sont les parallèles, employées pour la première fois au siége de Maëstricht en 1673, et qui remplaçaient l'attaque de vive force, usitée jusqu'alors, par une attaque méthodique et enveloppante, ce qui rendait inutiles les sorties de l'assiégé, et, quelques années plus tard, le tir à ricochet, qu'il employa pour la première fois au siége de Philisbourg en 1688, mais qui ne reçut une application régulière qu'au siége d'Ath en 1697.

Ces deux inventions, auxquelles il faut joindre celle du tir des bombes, dont on commençait à faire usage dans les siéges, eurent pour effet de rendre beaucoup plus passive la défense des places fortes telles qu'on les construisait à cette époque, où les ouvrages extérieurs ne comprenaient encore que des dehors, qui tiraient du corps de place lui-même leur principale protection. Indépendamment, en effet, des parallèles qui empêchaient les sorties de produire de grands résultats, le tir à ricochet pouvait battre toute l'étendue d'une face de rempart et, en annulant son artillerie, faciliter les approches, tandis que le tir des bombes tourmentait sans cesse l'assiégé dans l'intérieur de la place et détruisait même ce qui pouvait contribuer à prolonger sa résistance. Il en résultait que, lorsque l'assiégeant avait atteint les dehors de la place, c'est-à-dire, était arrivé au couronnement du chemin couvert, il avait moins à craindre les retours offensifs de la garnison, et pouvait plus facilement se rendre maître de ces dehors.

On peut remarquer que ce caractère passif que prenait ainsi la fortification correspondait à la même époque, avec celui de la tactique, qui adoptait la guerre de position, c'est-à-dire la guerre où l'on s'enfermait dans des lignes ou des retranchements, et qui était également passive. Cela tenait à l'emploi généralement adopté des armes à feu, qui commençait à établir sa prééminence sur celui des armes de main, et qui, de même qu'il avait modifié la tactique, en donnant aux positions une plus grande importance, devait modifier les systèmes usités jusqu'alors pour attaquer ou défendre une place en assurant un plus grand avantage à celui qui pouvait entourer son adversaire d'un plus grand nombre de feux, puisque l'action du choc devenait plus difficile. Si l'on joint à cet avantatage celui qui provenait du progrès alors accompli en artillerie, il en résultait que l'attaque devait prendre dans les siéges une grande supériorité sur la défense. C'est ce que démontre le peu de durée des siéges entrepris par Vauban et même par ses successeurs dans les guerres qui suivirent, notamment dans celle qui se fit dans les provinces belges et en Hollande, sous Louis XV, et que termina le traité d'Aix-la-Chapelle, en 1748, où l'on vit le siége de plusieurs places, bien qu'elles eussent une grande accumulation de dehors, ne durer que quelques jours.

Malgré l'état d'infériorité auquel était réduite la défense, le système bastionné continuait cependant à être mis en pratique dans la construction des forteresses, et dans les divers pays de l'Europe on employait les méthodes de Vauban, ou bien encore celles que proposa, à la même époque, l'ingénieur hollandais Coëhorn, qui étaient plus particulièrement applicables à un sol pareil à celui de la Hollande. On connaît les circonstances à la suite desquelles Coëhorn, colonel d'infanterie, eut l'idée de proposer une nouvelle manière de fortifier les places de son pays, dont la trop prompte reddition le révoltait. Cette manière avait surtout en vue, comme celle de Vauban, la défense rapprochée, et elle était basée principalement sur le flanquement par des feux couverts, c'est-à-dire à l'aide de casemates, que Vauban n'avait admises que dans ses dernières constructions, ainsi que sur les retours offensifs ou les combats à l'arme blanche. Mais ce genre de fortification était compliqué, surchargé de moyens défensifs, et, de plus, tellement dispendieux qu'il ne reçut jamais, même dans le pays de Coëhorn, qu'une application partielle.

Le grand mérite de cet ingénieur, le plus connu à l'étranger parmi les rivaux de Vauban, est surtout de s'être affranchi des règles fixes et étroites dans lesquelles on avait maintenu jusqu'alors la fortification bastionnée, et d'avoir montré qu'il fallait, avant tout, se régler sur la nature et la forme du terrain ; mais il mourut peu d'années avant Vauban, sans fournir, comme lui, rien d'assez efficace pour relever la défense de l'état d'infériorité dans lequel elle était tombée depuis que l'on employait dans l'attaque les parallèles, le tir à ricochet et le tir des bombes.

La réputation de Vauban, ainsi que les succès que lui et ses successeurs avaient obtenus dans les siéges, contribuèrent à étendre l'influence des méthodes françaises, tant dans la construction des forteresses que dans l'attaque et la défense des places, et ces méthodes eurent la priorité en Europe vers la fin du xviie siècle et pendant tout le cours du xviiie. Il peut donc être intéressant d'étudier les progrès que ses successeurs leur firent accomplir, en ce qui se rattache plus spécialement à la fortification, et de rechercher s'ils parvinrent à remédier aux dangers que Vauban avait laissé subsister, tels que le peu d'obstacles que rencontrait l'assiégeant dans l'établissement de ses parallèles et dans les modes de tir alors usités de son artillerie : tir direct, tir à ricochet et tir des bombes.

Parmi eux, Cormontaigne est le plus célèbre ; il suivit de près Vauban et entra, en 1715, dans le corps du génie français. Sa manière de fortifier ne fut d'abord présentée que comme ne contenant que quelques légères modifications à celle que Vauban avait employée dans son premier tracé ; mais il y introduisit cependant plus d'innovations que Vauban lui-même n'en avait apportées au système de son prédécesseur, le comte de Pagan. Il chercha à remédier à l'effet des parallèles et aux cheminements de l'ennemi en augmentant la saillie des demi-lunes et au moyen du tracé en ligne droite, ce qui obligeait l'assaillant à prendre deux demi-lunes avant de pouvoir faire brèche à un bastion, contrairement à ce qui avait eu lieu jusqu'alors, et lui faisait perdre en même temps l'avantage de sa position enveloppante.

Pour parer au tir direct, il fut le premier, parmi les ingénieurs, qui parvint à couvrir les maçonneries des revêtements par le relief de la crête des glacis, et, pour obvier au ricochet, il est le premier aussi qui ait posé des principes sur le défilement, science nouvelle, qui consistait à établir le relief des crêtes d'un ouvrage de manière que l'intérieur de cet ouvrage fût couvert contre les vues de l'ennemi des points plus ou moins dominants où il pouvait établir son artillerie. Il y obviait en outre au moyen de la saillie même qu'il donnait à ses demi-lunes, lorsque le tracé était en ligne droite ou que le nombre des côtés du polygone à fortifier était assez grand, parce que, dans ces cas-là, le prolongemunt des faces des bastions était intercepté par les demi-lunes. Mais le plus souvent il opposait à ce genre de tir des traverses en terre, que les ingénieurs regardaient alors comme suffisantes.

Cormontaigne parvint de la sorte à remédier aux effets du tir direct et du tir à ricochet, mais il se préoccupa beaucoup moins du tir des bombes, et on lui a justement reproché de ne pas avoir suivi l'exemple que Vauban avait donné dans ses deuxième et troisième manières, en construisant des tours bastionnées et des flancs casematés, et de n'avoir placé aucun abri voûté sous les remparts.

Bien que sa manière de fortifier soit toujours disposée pour la défense rapprochée et basée sur la mousqueterie, on voit chez lui une tendance à porter plus loin cette défense, en mettant un réduit dans la place d'armes rentrante du chemin couvert, et en détachant en avant de la place, dans quelques-unes de ses constructions, des ouvrages qui recevaient encore leur protection de l'enceinte, et qui étaient destinés à retarder les approches de l'assiégeant en prenant à revers ses cheminements ; mais il n'améliora point le système de communications que lui avait laissé Vauban, et qu'il rendit, au contraire, plus compliqué ; de sorte qu'en inaugurant la fortification rasante comme nouvelle fortification française, il lui enlevait la propriété de se défendre au loin, du moins avec quelque chance de succès, à l'aide de son artillerie, et en même temps, il ne lui donnait point assez de résistance dans la défense rapprochée en ne facilitant point les retours offensifs. Ce double inconvénient devait d'autant plus apparaître par la suite que s'accroîtraient les progrès de l'artillerie, c'est-à-dire que l'on pourrait plus facilement battre à distance les divers points d'une place forte.

La manière de fortifier de Cormontaigne fut adoptée comme le type de la fortification française, représentée alors par l'École de Mézières, qui ne fit à son tracé, dans les années qui suivirent, que des modifications peu importantes et n'en changea point le caractère. La saillie de la demi-lune fut encore augmentée, les maçonneries mieux couvertes, le défilement étudié avec plus de soin, et même quelques rares casemates furent placées sous les flancs des bastions pour servir d'abri à la garnison, ou bien sous les flancs du réduit de la demi-lune ; mais en s'attachant plutôt à faire des retranchements pour une défense méthodique et pied à pied que des communications faciles pour le mouvement des troupes, l'école française allait à l'encontre de ce qu'aurait nécessité la défense rapprochée, qui réclamait, avec la nouvelle manière de combattre en se servant du fusil à baïonnette, et le plus grand nombre de combattants que l'on employait, des dispositions mieux appropriées aux retours offensifs.

Il y avait de plus, malgré les modifications qu'on y avait faites, les mêmes reproches à adresser à cette nouvelle manière qu'à celle de Cormontaigne ; c'est que, si les maçonneries étaient assez bien couvertes contre le tir direct, les remparts et la place elle-même n'étaient point suffisamment garantis contre le tir à ricochet ni contre celui des bombes ; mais il est vrai de dire qu'à cette époque, les obus et les bombes n'étaient pas autant en usage dans les siéges qu'ils l'ont été depuis, les obus surtout, dont on ne se servit d'une façon régulière que vers le milieu du xviii\u00b0 siècle.

Une opinion même était alors répandue parmi les ingénieurs français, qui suivaient en cela l'exemple de Vauban, c'est que le tir des bombes ne devait être employé que contre les défenses d'une place, pour lesquelles son peu de justesse le rendait encore peu redoutable, et ils considéraient comme un acte de barbarie inutile le tir contre les habitations, c'est-à-dire le bombardement pour des places d'une certaine étendue ; mais l'avenir devait les démentir à cet égard, en faisant voir que l'exemple de Coëhorn, au contraire, qui, lui, **préférait** ce moyen d'attaque, trouvait de nombreux imitateurs.

Si la fortification bastionnée, alors représentée de préférence par la fortification française, était généralement adoptée, ce n'était point sans qu'il eût été fait d'autres essais pour approprier aux nouvelles armes l'ancienne manière de fortifier. Ce qui avait motivé, à l'origine, l'adoption de ce système de fortification, c'est que toutes les parties en étaient flanquées par les parties voisines, et que l'enceinte se défendait elle-même ; puis, lorsque les armes à feu portatives avaient pu être employées, on avait trouvé ces armes préférables pour **repousser** les surprises et les attaques de vive force, ainsi que pour préserver **les remparts** des tentatives du mineur ; car la mine fut, jusqu'à Vauban, le moyen dont on se servit pour faire brèche ; mais dans ce système, les flancs, bien que la partie la plus importante, se trouvaient, comme dimension, subordonnés aux autres parties du tracé, et, autant pour s'affranchir de cette dépendance que pour obtenir un flanquement plus complet, l'idée vint de former l'enceinte d'une suite de saillants et de rentrants, c'est-à-dire de la composer uniquement de tenailles, dont les saillants s'appuyaient au sommet des angles du polygone à fortifier, et qui était formé lui-même des côtés extérieurs des divers fronts de cette enceinte.

Il en résultait qu'on pouvait donner aux flancs une plus grande longueur et, par suite, plus d'efficacité, soit en construisant ainsi de simples tenailles, soit en brisant la courtine, vers l'intérieur, dans un front bastionné, de manière à placer dans un rentrant l'assiégeant qui aurait voulu, suivant l'usage ancien, attaquer sur le milieu de la courtine.

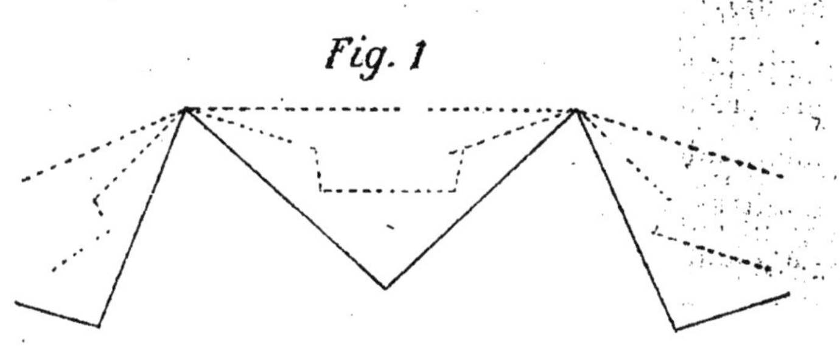

Fig. 1

Ce nouveau système de fortification, que l'on a appelé tenaillé, prit naissance en Italie, au xvi° siècle, peu de temps après l'invention des bastions. Il offrait l'avantage de se prêter plus facilement au terrain et de produire, à cette époque du moins, un flanquement plus complet; mais il présentait un inconvénient majeur, celui d'avoir dans les rentrants des espaces privés de feux, ou angles morts, que les ingénieurs s'efforcèrent de faire disparaître au moyen de casemates à canons, disposées par étages. C'est ce qui explique la faveur qu'obtint ce système en Allemagne, où l'on était toujours plus porté à employer l'artillerie, et où la plupart des ingénieurs, aux xvii° et xviii° siècles, l'adoptèrent et le préconisèrent dans leurs écrits. On peut citer parmi les principaux Rimpler, qui avait pris part au siége de Candie comme défenseur, conjointement avec les nombreux ingénieurs qui étaient accourus des divers pays de l'Europe pour participer également à ce siége célèbre, et dont l'ouvrage parut en 1673; Landsberg, qui publia les siens en 1712 et 1737; Wallrave, ingénieur hollandais au service de la Prusse, qui, sous Frédéric II, fut chargé de construire diverses forteresses, pour lesquelles il adopta le plus souvent le tracé tenaillé ; mais ce système cependant ne reçut jamais de bien grandes applications, car l'Allemagne, en raison sans doute de l'état de division dans lequel elle se trouvait, n'eut point, durant cette période, qui comprend les XVIe et XVIIe siècles et même une grande partie du XVIIIe siècle, de fortification réellement nationale. Ce fut d'abord la fortification italienne, puis la fortification française, et enfin la fortification hollandaise, qui y obtinrent le plus de faveur. Or, dans ces pays, le système tenaillé fut peu employé, ce qui tenait, en France notamment, au peu de tendance qu'avaient les ingénieurs à se servir de casemates, qu'ils trouvaient peu résistantes au canon, et inhabitables pendant le tir, à cause de la fumée. De plus, l'emploi des parallèles et celui du tir à ricochet avaient rendu ce système beaucoup plus faible qu'auparavant ; car il devenait plus facile, pour l'assiégeant, de couronner des saillants placés sur le même arc de cercle, et devant un front tenaillé le développement de ses parallèles était moindre que devant le même front bastionné, comme l'on peut s'en convaincre en prolongeant les faces des tenailles et des bastions.

Pour le tir à ricochet, on peut voir également qu'une batterie qui se trouverait sur le prolongement de ces faces serait plus éloignée, dans le tracé tenaillé, des fronts collatéraux, et aurait, par suite, moins à craindre les feux de la place ; ce qui rendrait ce tir plus facile et d'autant plus dangereux que la face serait plus longue. En outre, la même batterie pourrait tirer le long du fossé attenant à cette face, et cela d'autant mieux qu'elle serait plus rapprochée du saillant ; au point même que

lorsque ce saillant serait couronné, c'est-à-dire lorsque
l'assiégeant y aurait établi son logement, il serait difficile pour l'assiégé de circuler dans le fossé ; car il ne
pourrait y établir des masques en terre, comme dans la
fortification bastionnée, afin de ne pas gêner le tir des
batteries basses de ses casemates placées dans les rentrants. Or, comme les communications qui servent aux
sorties se font principalement à travers les fossés, il en
résulte que la fortification tenaillée se prête moins à une
défense active, du moins à la dernière époque d'un
siége, celle qui correspond à la défense rapprochée ;
et si l'on joint à ce résultat celui qui provient du peu de
mobilité d'une artillerie contenue dans des casemates, et
qui paralyse, par son immobilité même, l'activité des
défenseurs, on peut en déduire que la défense rapprochée est, dans ce système, plus passive. Mais si, en raison
des inconvénients qu'elle présentait, la fortification
tenaillée a été peu employée dans les constructions
permanentes, par contre, elle a été souvent appliquée
dans la guerre de campagne ; car le peu de relief qu'on
lui donne alors fait sinon disparaître, du moins amoindrit beaucoup son principal défaut, celui des angles
morts dans les rentrants, et c'est ce qui explique l'usage
que l'on a souvent fait de ce tracé, en raison de sa
simplicité même, soit dans les ouvrages isolés, soit
dans les lignes continues.

Le système tenaillé mérite cependant de fixer l'attention, parce qu'il a été proposé par un écrivain
français qui occupe une place importante dans l'histoire
de la fortification à cette époque. Cet écrivain est Montalembert, maréchal de camp sous Louis XV, et qui,
bien qu'appartenant à l'arme de la cavalerie, s'était

adonné par goût à l'étude de la fortification. Il avait pris part à plusieurs campagnes et avait été envoyé comme attaché militaire, en Suède, où le séjour qu'il y fit dut probablement influer sur la nature de ses idées en fortification, en les portant de préférence vers le genre de constructions militaires employées dans ce pays et généralement dans le nord de l'Europe. Ses premiers écrits datent de 1761, mais c'est en 1776 qu'il fit paraître son volumineux ouvrage, dont les diverses parties furent publiées par intervalles, et dans lesquelles il se montre l'adversaire déclaré de la fortification bastionnée, telle du moins qu'elle existait en France, et qui ne pouvait, avec les faibles moyens en artillerie qu'on lui donnait, faire une résistance prolongée. A la méthode française qui faisait surtout consister la défense dans la saillie des ouvrages et les feux de mousqueterie, de manière à rendre cette défense successive, il proposait d'en substituer une autre basée entièrement sur la supériorité en artillerie, afin d'opposer un empêchement absolu aux approches de l'assiégeant et, en dernier lieu, à l'établissement de ses batteries de brèche. Comme il lui était impossible de réaliser cette condition en se servant uniquement du tracé, puisque la position de l'assiégeant peut toujours devenir enveloppante par rapport à celle de l'assiégé, il voulait l'obtenir au moyen de casemates à plusieurs étages de feux, qui permettent d'accumuler sur un point donné une quantité de projectiles plus considérable que celle de l'assiégeant. Il proposait, à cet effet, en remplacement du système bastionné, trois autres systèmes : le tenaillé, le polygonal et le circulaire, ainsi que diverses manières pour la construction des forts, qu'il voulait utiliser également pour entourer les places fortes, ce qui pouvait constituer un quatrième système, celui des forts détachés.

En essayant de faire revivre le système tenaillé, Montalembert comptait remédier à ses défauts en augmentant le nombre des enceintes, qu'il portait jusqu'à quatre, et qui comprenaient chacune des batteries ou galeries casematées avec un rempart en terre placé en arrière, en construisant dans les rentrants de hautes casemates à deux ou trois étages de feux, et enfin en plaçant à l'intérieur, comme réduits, dans chacun des angles de la première enceinte, des tours très-élevées, également casematées, pouvant servir à la défense, ou bien encore comme dépôts de munitions.

Mais ce système très-compliqué, et qui aurait nécessité pour sa construction des frais considérables, présentait toujours les inconvénients de la fortification tenaillée, inhérents à sa nature même, d'avoir des saillants également accessibles, d'être en prise au ricochet et d'être peu favorable aux retours offensifs. En outre, malgré tous les abris qu'il offrait pour la garnison, le plus grand reproche qu'on pouvait lui faire, c'était de présenter aux coups de l'assiégeant des maçonneries qu'il pouvait battre à distance. Il est vrai que Montalembert cherchait à dérober ces maçonneries à ses vues et admettait que, pour pouvoir faire brèche, il serait obligé de venir s'établir à une faible distance, 60 toises au plus, sous le feu d'une artillerie bien supérieure, qui pouvait opposer six pièces à une seule.

Comme à l'époque où Montalembert proposait son système on n'avait pas encore acquis la certitude de battre en brèche, à distance, des maçonneries sans les voir, et que d'autre part, il était assez difficile de faire l'expérience de la construction d'une batterie sous le feu de plusieurs pièces d'artillerie, le débat resta pendant entre lui et ceux qui soutenaient l'opinion contraire. Tout ce l'on pouvait affirmer, à l'examen de ce système, c'est que, proposé surtout en vue de la défense rapprochée, et basé entièrement sur une lutte finale d'artillerie, dont le succès était au moins douteux, sans que rien n'y fût disposé pour faciliter les retours offensifs, il rendait cette défense encore plus passive que dans le système bastionné qu'il prétendait remplacer.

Montalembert fut plus heureux en proposant son système polygonal, qu'il appelait système à caponnières, parce que le flanquement s'y faisait à l'aide d'une caponnière placée sur le milieu extérieur, qui limitait alors l'enceinte du corps de place.

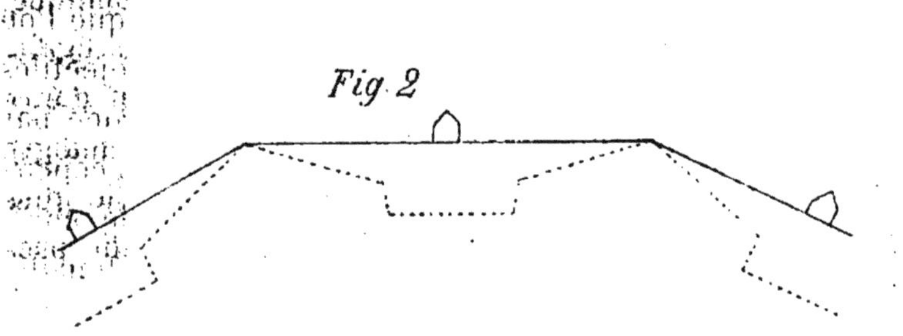

Fig. 2

Le nom de polygonal, qui lui a été donné depuis, vient de ce que le tracé est fait sur le côté même du polygone, et ne comporte que des saillants ou des rentrants peu prononcés.

L'inspection du tracé montre que, pour un front d'une même étendue, l'assiégeant devait donner un plus grand développement à ses travaux de tranchée ou à ses parallèles, et que le tir de ses batteries à ricochet était moins à craindre, puisqu'elles se trouvaient plus rapprochées des fronts collatéraux, que dans le tracé bastionné. De plus, comme il ne se produisait aucun croisement des feux ou des lignes de défense, et qu'ils avaient toute leur portée des deux côtés de la caponnière, il en résultait que l'on pouvait donner une plus grande étendue au front lui-même, ce qui permettait d'y placer une quantité plus grande d'artillerie, et procurait en même temps l'avantage économique d'enceindre la place dans un polygone d'un moins grand nombre de côtés. Comme d'ailleurs ces côtés pourraient varier à volonté, dans des limites du moins plus étendues que dans la fortification bastionnée, ce système, par cela même, se prêtait mieux au terrain.

Ce sont tous ces avantages, celui surtout d'avoir des lignes peu ricochables, que Montalembert faisait le moins ressortir, en raison sans doute du peu d'emploi que l'on faisait encore, dans ce genre de tir, des projectiles creux, qui ont été cause de la préférence accordée par les ingénieurs à ce système de fortification, non cependant tel que Montalembert le proposait, car il le compliquait, comme il avait fait pour le système tenaillé dans le projet qu'il présentait comme type et qu'il appelait le Fort Royal, en augmentant également le nombre des enceintes et celui des batteries casematées; en donnant à la caponnière trois étages de feux, et en formant dans chaque angle de la première enceinte un retranchement intérieur avec une tour pour réduit.

Si donc ce système paraissait préférable au précédent, on pouvait lui adresser le même reproche; car Montalembert n'y dérobait pas davantage les maçonneries aux coups de l'assiégeant. Une remarque à faire même, c'est qu'à mesure qu'il publia de nouveaux projets, il se préoccupa moins de couvrir ces maçonneries, de plus en plus convaincu de la supériorité des batteries casematées, même à découvert, sur celles qu'on pouvait leur opposer, lorsque le nombre des pièces était, bien entendu, plus grand. D'ailleurs, le Fort Royal était si compliqué et exigeait pour sa défense un nombre si considérable de bouches à feu, que les ingénieurs, qui depuis ont adopté ce système, ont préféré prendre pour modèle un projet plus simple qu'il présentait pour l'enceinte de Cherbourg, et qui a été désigné sous le nom de système polygonal simplifié. En l'adoptaut, ils ont cherché à remédier aux défauts que Montalembert laissait encore subsister, de manière à le rendre plus à même d'être utilisé à la fois pour la défense éloignée et pour la défense rapprochée.

Montalembert proposait ensuite un système dont le tracé était circulaire, et auquel il trouvait l'avantage de renfermer le plus grand espace intérieur avec le plus faible développement de remparts, et de présenter sur toutes ses parties une égale résistance. Ce système consistait en hautes casemates, ayant jusqu'à quatre et cinq étages de feux ; mais qui avaient le défaut, comme toute fortification circulaire, de présenter sur leur contour des secteurs privés de feux, ou bien encore des angles morts, c'est-à-dire des parties dépourvues de flanquement, dans lesquelles l'assiégeant pouvait plus facilement diriger ses attaques, et cela d'autant mieux qu'il avait devant lui des maçonneries presque entièrement découvertes ; aussi ce système, à moins de circonstances particulières, a-t-il été peu employé.

Montalembert fit aussi des projets pour la construction

des forts, en leur donnant les formes les plus variées, mais en restant toujours fidèle à son principe de couvrir son artillerie dans des casemates à étages. Non-seulement il voulait placer ces forts sur les points les plus importants du territoire; mais il proposait aussi d'en entourer les places de guerre, ce dont quelques auteurs lui ont attribué l'invention. Son but, en les entourant ainsi, était d'abord de les soustraire aux dangers d'un bombardement; puis de rendre leur investissement plus difficile et, en raison de la résistance que pourrait opposer chaque fort, d'accroître celle de la place elle-même, avec une faible garnison. Il ne mentionne pas dans son ouvrage le but qu'on leur a depuis fait remplir en formant avec leur aide un camp retranché. Or, c'eût été cette idée surtout dont on eût pu lui faire un mérite, car celle d'entourer une ville de forts détachés avait déjà été mise en pratique pour les villes maritimes, et d'autres écrivains, au nombre desquels on peut ranger le maréchal de Saxe, avaient proposé avant lui d'entourer les places de guerre d'ouvrages détachés.

En proposant d'ailleurs ce nouveau système Montalembert ne faisait qu'imiter ce qui avait déjà lieu à cette époque pour la guerre de campagne, où les lignes continues étaient abandonnées pour faire place à celles à intervalles comprenant des ouvrages isolés. Plusieurs faits de guerre, et notamment le forcement des lignes de Turin par le prince Eugène de Savoie, en 1706, avaient montré le danger qui résultait pour une armée de s'enfermer dans des lignes formant des retranchements continus; de sorte que, depuis le commencement du XVIIIe siècle, soit pour livrer bataille, soit pour faire un siége, une armée ne s'en entourait plus, préférant à des ouvrages contigus des ouvrages détachés, plus faciles à défendre et se prêtant mieux aux retours offensifs. Mais, dans la pensée de Montalembert comme dans celle du maréchal de Saxe, l'idée d'entourer une place de forts détachés ne pouvait avoir l'importance que lui a donnée depuis la stratégie moderne, en raison de l'extension beaucoup plus grande qu'ont prise les camps retranchés.

Telles étaient les propositions les plus importantes de Montalembert, en ce qui concernait du moins la fortification ; car, dans son ouvrage, il traitait aussi d'autres sujets militaires. Le rang qu'il occupait contribua à leur donner du ressentiment ; mais elles étaient, dans leur ensemble, tellement contraires à celles qui jusqu'àlors avaient prévalu en France, qu'elles soulevèrent une vive polémique, polémique qui, sous une forme même moins courtoise, rappela celle qui avait eu lieu peu d'années auparavant, en ce qui avait trait à la tactique, entre les partisans de l'ordre mince et ceux de l'ordre profond. Le débat était en effet le même ; car les systèmes que voulait faire adopter Montalembert, et qui étaient basés sur des lignes de feux parallèles, représentaient en fortification l'ordre mince, et celui que maintenait l'école française, et qui consistait en une défense successive, n'était autre chose que l'ordre profond. Aussi, de même que pour la tactique, les événements militaires qui suivirent devaient démontrer que le système de fortification qui convenait le mieux au genre de guerre adopté devait tenir à la fois de ces deux ordres, en écartant de l'un et de l'autre toute exagération.

La Révolution française ouvre une troisième phase

pour la tactique, ainsi qu'elle l'a fait pour la logistique, et elle lui fait accomplir de nouveaux progrès en développant également l'individualité du combattant. Napoléon 1er vient ensuite régulariser de même toutes ces forces éparces et leur imprimer une direction unique.

L'infanterie, qui jusque-là se rangeait sur des lignes invariables, quel que fût le terrain du combat, adopta une formation nouvelle, celle des tirailleurs, qui convenait à des troupes n'ayant encore qu'une organisation incomplète, et que l'on voit employée chez tous les peuples qui entreprennent une guerre sans avoir, pour la soutenir, une armée régulière. Mais cette infanterie, d'abord inexpérimentée, se forma pendant les guerres qui suivirent, et elle reconnut bientôt le danger qui pouvait résulter de cet emploi aussi généralisé des tirailleurs. Pour y remédier, elle restreignit leur nombre et les fit soutenir par des masses plus solides, prises dans les autres armes et disposées, suivant les circonstances, soit en colonnes, soit en ordre déployé. Il en résulta une formation mixte qui tenait à la fois de l'ordre mince et de l'ordre profond, et qui, à l'avantage de pouvoir fournir des feux, joignait celui de produire le choc au moyen de colonnes plus ou moins profondes, généralement composées d'un bataillon, que la portée des pièces d'artillerie comme celle du fusil d'infanterie et la vitesse de leur tir permettaient encore d'employer, du moins avec des troupes bien exercées. L'artillerie n'ouvrait guère son feu au-delà de 600 mètres en moyenne, et son tir à mitraille, qui était le plus à craindre, ne dépassait guère non plus 400 mètres. Quant au fusil, qui était presque identiquement le même chez toutes les puissances européennes, sa portée réellement efficace était de 200 mètres, 250 mètres au plus, contre une ligne de troupes ; mais il ne pouvait être utilisé pour les tirailleurs, dont le tir demande une plus grande justesse, qu'aux distances de 100 mètres et de 150 mètres au maximum.

La vitesse de leur tir était en moyenne d'un coup pour le canon et de deux pour le fusil, par minute. Il en résultait qu'une colonne d'infanterie qui marchait à l'attaque d'une position avait à parcourir 200 mètres environ sous le feu du tir de l'artillerie à boulet ou à obus, puis 200 mètres encore sous celui du tir à mitraille, avant de se trouver dans la zone rapprochée de l'ennemi, c'est-à-dire sous le feu de l'infanterie. Elle mettait, pour y arriver de cinq à six minutes à un pas rapide, ce qui lui faisait parfois éprouver de grandes pertes, lorsqu'elle était obligée de marcher ainsi à découvert ; mais, malgré ces pertes cependant, la formation en colonnes se portant en avant, à intervalle de déploiement, jusqu'à ce qu'elles eussent rejoint leurs tirailleurs, était fréquemment employée, parce qu'on lui trouvait l'avantage de se prêter plus facilement à la marche, de mieux placer les troupes dans la main du chef, et de n'exiger même qu'une instruction militaire assez minime, pourvu que les hommes fussent conduits par de bons cadres ou mêlés à des soldats plus anciens.

Cet ordre mixte, qui réunissait à la fois les propriétés du feu et du choc, valut de nombreux succès à l'infanterie française tant qu'il y eut un juste équilibre entre l'emploi des tirailleurs et celui des colonnes, et qu'elle se borna à étendre seulement son action à l'aide de l'artillerie et de la cavalerie ; mais lorsque, devenue moins solide par suite de l'amoindrissement de ses cadres, elle eut un plus grand besoin de ces deux armes, au point que l'action du feu fut presque exclusivement réservée à l'artillerie, et celui du choc à la cavalerie, ses succès furent moindres ou bien plus disputés, comme pour témoigner une fois de plus que la force d'une armée dépend de la solidité de son infanterie.

L'artillerie eut également un rôle important à jouer durant cette période, qui comprend les guerres de la Révolution et du premier Empire, et, dans les mains de Napoléon, elle ne fut plus une arme accessoire, mais une arme dont l'effet fut souvent décisif. Sous sa direction, l'artillerie s'occupa peu des questions techniques de calibres ou d'affûts; mais elle s'attacha surtout à produire des résultats utiles avec le matériel dont elle disposait. Ce matériel, qui était celui que le général Gribeauval avait fait adopter en 1765, ne reçut que peu de modifications, et ces modifications consistèrent principalement à rendre l'artillerie de campagne plus mobile; car les calibres et les portées étaient sensiblement les mêmes· chez toutes les puissances.

Napoléon fut ainsi amené à donner une extension plus grande à l'artillerie à cheval, que l'on avait créée en France dans les premières années de la Révolution, à l'imitation de ce qui avait été fait en Prusse, et qu'il regardait comme le complément indispensable de la cavalerie dans les pays où celle-ci peut étendre toute son action. L'artillerie à cheval était, en outre, d'un emploi plus avantageux pour le tir à mitraille, qui était celui qui produisait alors le plus d'effet sur les troupes.

Mais ce qui montre la grandeur des vues de Napoléon, en ce qui se rattache à l'artillerie, ce fut l'usage qu'il en fit en grandes masses. Avant lui on avait pu voir réunie sur le même point d'un champ de bataille une quantité plus ou moins grande de bouches à feu; mais c'etait accidentellement, et l'on ne s'était point encore servi de toutes ces pièces comme d'une arme séparée, ayant sa tactique distincte. C'est ainsi qu'il fit progresser la tactique de cette arme qui, employée de la sorte, contribua aux succès de plusieurs batailles, parmi lesquelles on peut citer Marengo, Friedland, Wagram, la Moskowa, Bautzen, etc. L'effet de cette artillerie concentrée sur un même point pouvait être d'autant plus décisif, que le canon avait alors sur le fusil, dans le tir, une grande supériorité de portée et de justesse. Ainsi la portée des boulets et des obus, allant jusqu'à 1,000 et 1,200 mètres, était cinq à six fois plus grande, et celle de la mitraille l'était deux fois plus. Aussi voit-on Napoléon, comptant sur son artillerie, s'en servir en grande quantité, principalement dans ses dernières batailles, soit pour suppléer au manque de la cavalerie, soit pour mieux soutenir l'infanterie, lorsqu'elle n'était plus composée, en grande partie, que de jeunes soldats encore peu aguerris.

La cavalerie se ressentit d'abord plus que les deux autres armes, à cette époque, du défaut d'organisation et du peu de ressources dont on disposait, et son rôle fut assez limité pendant les premières années de la Révolution; mais, par la suite, elle acquit une réputation méritée et se fit remarquer sur tous les champs de bataille. D'abord unie à l'infanterie dans les divisions, elle fut ensuite organisée en corps séparés, brigades ou divisions, de manière à la mettre à même d'éclairer plus facilement l'armée et de produire dans le combat des effets plus décisifs. Mais Napoléon, l'auteur de ce sys-

tème, l'exagéra lorsque, ayant en main le pouvoir, il
rechercha davantage l'emploi des moyens matériels, en
créant des masses plus considérables de cavalerie, composées de la réunion de plusieurs divisions, et qu'il était
aussi difficile de diriger que de faire subsister. Le terrain manquait souvent pour leurs évolutions, et souvent
aussi ces masses de cavaliers furent inutiles, parce que
l'à-propos de la charge ne fut pas saisi, tant il est rare
de trouver réunies chez un même chef toutes les qualités
que réclame le commandement d'un corps nombreux de
cavalerie.

La cavalerie fournissait, comme l'infanterie, ses
charges en colonnes, et malgré les pertes qu'elle pouvait
subir, elle chargeait ordinairement en muraille, c'est-à-
dire à rangs serrés, afin d'obtenir une puissance d'impulsion plus grande. Ces charges, qui commençaient à
300 ou 400 mètres de l'ennemi, n'exigeaient guère
qu'une durée d'une minute ou d'une minute et demie;
mais bien qu'elles fussent préparées le plus souvent par
des attaques d'infanterie ou par le tir de l'artillerie, on
voit cependant le danger qui pouvait en résulter pour
des colonnes trop profondes. Aussi, lorsque, vers la fin
des guerres de l'Empire, la cavalerie fut moins nombreuse, on la fit plus rarement charger en colonne, ce
qui rendit ses succès moins certains. Il n'y avait plus d'ailleurs la même infanterie pour compléter ses succès et
occuper les positions conquises. On voit déjà à cette
époque prédominer l'action du feu sur celle du choc,
par suite des progrès qu'avait réalisés l'artillerie, au
nombre desquels on peut citer l'invention des schrapnels, du nom de leur inventeur, dont les Anglais firent
usage dans la guerre d'Espagne, et qui avaient pour

effet de porter le tir de la mitraille à une distance deux fois plus grande.

Les progrès de la tactique consistèrent surtout, à cette époque, dans les ordres de bataille et dans les procédés dont on se servit pour engager le combat. Les batailles ne furent d'abord, au début des guerres de la Révolution, que des affaires de postes, où l'on retrouvait les anciennes traditions, que les leçons données par Frédéric II avaient peu modifiées ; mais il sortit bientôt des rangs de l'armée française des généraux qui surent appliquer les vrais principes de la tactique et obtenir des effets plus réels en faisant concourir l'individualité même du combattant à une plus forte concentration d'efforts sur un point donné. La guerre, animée par une plus grande excitation de passions et d'intérêts, prit alors un caractère d'énergie qu'elle n'avait point précédemment, et l'on se battit non-seulement pour éloigner l'armée ennemie et lui faire abandonner le champ de bataille, mais encore pour la mettre en déroute au moyen d'attaques faites résolûment sur les diverses positions qu'elle pouvait occuper.

L'organisation de l'armée en divisions fut cause que ces efforts furent d'abord divergents, chacune d'elles combattant en quelque sorte pour son propre compte : mais, à partir de la campagne d'Italie, on voit apparaître un progrès réel et se former de savantes combinaisons dans la tactique. C'est dans cette campagne que Napoléon se fait connaître comme habile stratégiste, et qu'il faut commencer à étudier le mode d'attaque dont il se servait et qui lui a valu de si nombreux triomphes. Ce mode consistait à aborder l'ennemi avec le plus de moyens possibles, et lorsque les corps étaient engagés, et qu'il s'apercevait que l'ennemi, fatigué, avait mis en jeu la majeure partie de ses troupes, il réunissait ce qu'il avait pu conserver en réserve, afin de lui porter un coup décisif. Il forma par la suite, à cet effet, des corps séparés comme réserves, composés d'une arme seule, qui lui permettaient d'obtenir des résultats plus certains et plus prompts.

Comme on le voit, ce mode était fort simple en théorie, et ce qui en constituait le mérite, c'est que dans la pratique il se prêtait, en raison de sa simplicité même, à toutes les combinaisons, suivant les circonstances et les inspirations qu'elles pouvaient faire naître.

Aussi le voit-on tantôt attaquer deux points de front de l'armée ennemie, comme à Austerlitz, l'un des points cependant ayant moins d'importance que l'autre, de manière à la séparer en deux fractions qu'il pouvait battre plus facilement; tantôt affaiblir et tourner en même temps les deux ailes, comme à Leipzig; ou bien enfoncer le centre et tourner une aile, comme à Wagram et à Bautzen. Le plus souvent même il occupait l'ennemi sur tout son front par des attaques simulées, tandis qu'il faisait agir un corps détaché sur son flanc, ainsi que cela eut lieu à Iéna et à Eylau. Il avait toutefois une préférence, et l'on peut voir, dans le plus grand nombre des batailles qu'il a livrées, que son intention était de percer le centre de l'armée ennemie, afin d'obtenir de plus grands résultats, et que, s'il ne put toujours y réussir, c'est que le nombre ou la qualité de ses troupes ne le lui permettaient plus.

En cherchant à expliquer les manœuvres qu'il employait dans son mode d'attaque, la plupart des auteurs militaires y ont trouvé l'application de l'ordre oblique, sur une échelle, bien entendu, plus grande que du temps de Frédéric II ; mais lui-même dans ses écrits proteste contre cette opinion, en disant que ce prétendu ordre oblique n'est que l'application de ce qui a toujours formé l'essence même de l'art de la guerre, lequel a toujours consisté à surprendre son ennemi, c'est-à-dire à le tromper sur un point, alors qu'on agissait sur un autre.

Tandis que la tactique progressait, par suite de la mise en pratique de ce qui la constitue essentiellement, l'action du choc succédant à celle du feu, la fortification suivait la même voie, et les systèmes proposés par les ingénieurs tendaient aux mêmes résultats. En France, le général d'Arçon faisait la proposition, en 1792, d'entourer les places, sur les fronts du moins les plus faibles, d'ouvrages détachés, d'une construction rapide, et qui, pouvant se défendre eux-mêmes pendant un certain temps, retarderaient d'autant les approches de l'assiégeant sur les glacis. Ces ouvrages étaient des lunettes qu'il plaçait assez en avant de l'enceinte, et qui, pour pouvoir résister à une attaque de vive force, étaient pourvues d'un réduit en maçonnerie, ainsi que de casemates à feux de revers dans la contrescarpe de leur fossé, avec une communication, en forme de galerie souterraine, permettant d'aller du réduit, qui s'appuyait à leur gorge, aux casemates. Leur but était d'éloigner les premières batteries de l'assiégeant et de prolonger la défense de la place, au moyen de la combinaison du jeu des mines et des retours offensifs.

Les lunettes à la d'Arçon eurent, pendant quelque temps, une grande vogue, et l'on en construisit en France autour de quelques places fortes.

Après d'Arçon, deux autres officiers du génie français, dont l'un devint lieutenant général, et l'autre, après avoir été forcé de quitter son pays, prit du service en Prusse, Chasseloup et Bousmard, proposèrent presque en même temps des modifications au systéme bastionné, qui avaient, dans leurs parties principales, une grande ressemblance. Ils voulaient tous les deux améliorer ce système en préservant mieux le corps de place du tir de l'artillerie ennemie, tir direct ou tir courbe, et en retardant les approches de l'assiégeant par des sorties plus nombreuses, que favorisait la disposition des ouvrages.

A cet effet, ils détachaient la demi-lune en avant du glacis du corps de place, ce qui garantissait plus facilement les faces des bastions du tir à ricochet. Ils utilisaient de plus ce glacis comme un masque en terre, pour empêcher que l'on ne fît brèche aux bastions par les trouées des fossés de la demi-lune, défaut que l'école française avait laissé subsister depuis Vauban ; puis ils protégeaient l'espace qui séparait la demi-lune du corps de place en construisant des casemates armées de canons sous les flancs de la tenaille, lesquelles ne pouvaient être combattues par des batteries éloignées et qui prenaient à revers les approches de l'assiégeant. Pour augmenter, en outre, la défense rapprochée, ils plaçaient dans le chemin couvert des réduits et des traverses casematées, avec des communications souterraines, de manière à faciliter la défense pied à pied.

Peu de places furent construites de la sorte ; car les guerres qui se firent alors détournèrent en grande partie les esprits de l'étude de la fortification. On peut citer cependant la citadelle d'Alexandrie, en Piémont, et la tête de pont de Castel, sur la rive droite du Rhin. Dans l'une et l'autre, les propositions de Chasseloup furent mises à exécution; mais, quant à celles de Bousmard, elles étaient beaucoup moins applicables, et l'on ne peut en prendre connaissance que dans ses écrits.

Parmi les écrivains qui traitèrent de la fortification à cette époque, et qui attirèrent le plus l'attention, on doit plus spécialement citer Carnot, qui, chargé par l'empereur Napoléon de composer un traité sur la défense des places, afin de rappeler leurs devoirs aux gouverneurs des places fortes, fit en effet paraître cet ouvrage en 1810. On y trouve l'exposé de diverses méthodes de fortification, qui méritent d'autant plus d'être étudiées que les propositions principales qu'elles renferment ont été appliquées dans un grand nombre de forteresses construites à l'étranger depuis 1815. Ces méthodes se rattachaient tour à tour au système bastionné ou au système tenaillé, suivant la forme du terrain, et elles avaient toutes pour but de relever l'offensive dans la défense des places, c'est-à-dire de rendre cette défense beaucoup plus active. A cet effet, Carnot cherchait à faciliter les sorties de la garnison en supprimant la contrescarpe dans les fossés, et en les remplaçant par un glacis en contre-pente, tandis qu'il ménageait dans ces fossés des espaces plus vastes pour servir de lieux de rassemblement, en les élargissant et y plaçant des contre-gardes, ou masques en terre, parallèles aux remparts du corps de place; puis, comme il trouvait ces remparts alors trop exposés aux coups de l'assiégeant, il proposait de détacher du parapet le mur qui lui servait d'escarpe, afin que sa chute, lorsqu'on le battrait en brèche, n'entraînât point l'éboulement des terres.

Lorsque ensuite l'assiégeant était parvenu sur les glacis, il comptait l'arrêter et le détruire même en grande partie, au moyen de feux courbes consistant en toutes sortes de projectiles, que devaient lancer des mortiers et des pierriers placés, soit sous des casemates, soit simplement en arrière du mur détaché, qui lui-même présentait intérieurement, pour cet objet,, deux étages d'arceaux percés, dans le bas, d'embrasures pour les petits mortiers, et, dans le haut, de créneaux pour la mousqueterie, tirant également sous un angle élevé.

Telles étaient ses propositions principales ; mais en les examinant de près, l'on peut se convaincre qu'il en exagérait beaucoup les résultats. Ainsi, le glacis en contre-pente permettant les grandes sorties n'était admissible que lorsque la garnison était très-forte, ou bien encore lorsqu'elle trouvait un appui dans des ouvrages avancés ou détachés ; car, dans le cas contraire, ces sorties couraient le risque d'être poursuivies par les assiégeants, qui pouvaient alors s'approcher d'autant plus que, par suite de la suppression de la contrescarpe, ils n'étaient point obligés de faire une descente de fossé.

L'escarpe détachée, de son côté, avait l'inconvénient de favoriser l'escalade, et celui plus grand encore, lorsque la brèche y était pratiquée, de permettre aux assaillants qui l'avaient franchie de se répandre le long du rempart, au lieu d'être obligés de pénétrer par une brèche étroite et facile à défendre, comme avec une escarpe adossée au rempart. Elle rendait, en outre, très-dangereuse à occuper, pour les défenseurs, la berme comprise entre elle et le pied du talus extérieur du parapet, à cause de l'explosion des projectiles creux.

Enfin, le tir courbe des mortiers, des pierriers et

même de la mousqueterie, avec la charge du moins qu'indiquait Carnot, ne pouvait pas produire l'effet meurtrier qu'il en attendait, de sorte que ces propositions ne reçurent en France que de bien rares applications.

Comme on le voit, les projets de fortification de cette époque, principalement des ingénieurs français, montrent l'intention de relever la défense de l'état d'infériorité où elle était tombée, au moyen d'une action plus offensive de la garnison, de manière à établir un plus juste rapport entre la fortification et la tactique. Cela devait se produire ; car tout système de fortification comprend deux parties distinctes : une disposition toute passive, composée de l'obstacle matériel, tel que le rempart, le fossé, etc., avec l'armement que l'on peut lui donner, et en second lieu une disposition qui est active et qui consiste dans les ouvrages avancés ou détachés, les communications, etc.; en un mot, dans tout ce qui peut concourir à la défense active de la garnison. Or le caractère du combattant doit se manifester d'une façon semblable, soit qu'il s'agisse de lutter en rase campagne, ou bien de défendre une place forte, et c'est ce qui explique comment, à cette époque, on devait rechercher en fortification tout ce qui pouvait favoriser une défense active, puisque la guerre de campagne se faisait elle-même avec plus d'énergie.

Dans cet ordre d'idées, il était facile de se rendre compte que les places qui pouvaient le mieux prolonger leur résistance étaient celles qui avaient des ouvrages extérieurs, ou bien des constructions pouvant être mises en état de défense, qui étendaient le rayon d'action de la garnison, et lui permettaient de faire des sorties, ou de disputer le terrain pied à pied, tout en mettant la portion principale, ou le corps de place, à l'abri de l'artillerie ennemie. C'est ce que démontre surabondamment l'historique des siéges marquants de cette période : celui de Mayence, en 1793 ; de Gênes, en 1800 ; de Colberg, en 1807 ; de Saragosse, en 1809-10 ; de Dantzig, en 1813 ; de Hambourg, en 1813-14 ; d'Anvers, en 1814 ; de Belfort, en 1815.

Après les guerres du premier Empire francais, et pendant le temps de paix qui lui succéda, les diverses nations de l'Europe s'occupèrent d'accroître la force de leurs armées, afin de leur donner une supériorité au moins relative, et, comme une conséquence naturelle des progrès qui s'accomplissaient alors dans les sciences et l'industrie, cette tendance se manifesta principalement dans le perfectionnement de leur armement.

Mais le temps n'était plus où les inventions mises en essai chez un peuple, ainsi que les progrès qu'il pouvait réaliser, pouvaient rester longtemps inconnues de ses voisins, comme on l'avait vu, pour ce qui se rattachait surtout à l'art de la guerre, aux époques antérieures. En raison de la plus grande diffusion des lumières, et aussi de l'extension qu'avaient prises les communications internationales, un perfectionnement quelconque adopté par une puissance ne pouvait être longtemps ignoré des autres, et c'est ce qui explique les progrès si rapides qui, depuis cette époque, ont été faits dans leur armement. A peu d'années d'intervalle, on a vu adopter, pour l'armement de l'infanterie, d'abord la platine à percussion, qui rendait le tir plus juste et plus régulier; puis le système des rayures dans le canon, qui mettait en pratique des idées qui n'avaient existé, jusque-là, qu'à l'état de théories, et qui devait exercer une influence si grande dans la tactique. Par suite de cette application des rayures, le tir du fusil a acquis beaucoup plus de justesse, et une portée cinq à six fois plus grande. Au fusil rayé a bientôt succédé celui se chargeant par la culasse, qui permettait de tirer quatre fois plus vite, et lui-même devra probablement, dans un avenir peu éloigné, céder la suprématie au fusil à magasin ou à répétition. On a, de plus, apporté une notable amélioration dans la cartouche, en la faisant métallique, ce qui a pour effet de mieux assurer sa conservation dans le transport, et de rendre le tir plus certain et plus rapide.

Mais la rapidité du tir n'est pas le seul avantage de ce système, et un plus grand encore consiste dans la rapidité du chargement, c'est-à-dire dans cette faculté qu'aura désormais le soldat d'infanterie, d'être toujours prêt à faire usage de son tir. Il est vrai aussi que cette faculté sera d'autant mieux utilisée que ce soldat sera plus exercé, connaîtra mieux son arme et conservera davantage le sang-froid nécessaire, ce qui revient à dire que le perfectionnement de l'arme exige une instruction plus complète et des qualités qui peuvent tenir au caractère particulier du combattant, ainsi qu'à l'habitude qu'il peut avoir de faire la guerre.

Les progrès de l'artillerie ont suivi une marche analogue, mais se sont fait jour plus tardivement, parce que les difficutés étaient bien plus grandes. Ces progrès, pour l'artillerie de campagne, ont d'abord porté sur la forme des voitures, qu'on s'est efforcé de rendre encore plus mobiles, car les guerres antérieures avaient démontré que c'était principalement dans cette mobilité

que s'était manifestée la supériorité de cette artillerie.
Dans la plupart des pays de l'Europe on adopta l'affût à
flèche, et le système usité en Angleterre, de manière à
pouvoir plus facilement transporter les servants des
pièces. Puis les progrès s'étendirent aux pièces elles-
mêmes, et l'on chercha à augmenter les effets du tir
des projectiles creux, le plus efficace dans la guerre de
campagne, en modifiant les obusiers et leur donnant la
même longueur qu'aux canons. Ceci conduisit à l'adoption du canon-obusier, qui, plus léger que le canon du
même calibre, tirait à la fois le boulet, l'obus et la mitraille, en procurant cet avantage, en campagne, de
n'avoir qu'une même bouche à feu. Le canon-obusier
de 12, dont les Français se servirent pendant la guerre
de Crimée, réalisait toutes ces conditions, et figura avec
avantage dans les diverses batailles qui s'y livrèrent.

L'artillerie à canons lisses semblait être arrivée au
terme de ses progrès, et les esprits se portaient même
vers d'autres inventions ou d'autres perfectionnements,
comme les fusées à la Congrève, les schrapnels, les
poudres fulminantes, etc., dont on faisait usage chez
quelques puissances, lorsque, après de nombreux essais,
on parvint enfin à appliquer aux canons le système de
rayures, déjà adopté pour les armes portatives.

L'invention du canon rayé reportait bien en arrière
toutes celles qui avaient pu surgir, en raison de l'accroissement de puissance qu'il donnait à la bouche à feu.
Avec ses rayures, en effet, et à calibre égal, cette bouche
à feu pouvait maintenant lancer un projectile creux d'un
poids double, d'une puissance, par suite, deux fois plus
grande, et à une distance qui d'abord était triple et qui,
par la suite, a pu encore être augmentée.

En outre, la justesse de son tir était bien supérieure. Cela tenait à ce que le projectile, maintenant oblong au lieu d'être sphérique, conservait plus longtemps, dans le mouvement de rotation que lui faisaient prendre les rayures sa vitesse initiale, ce qui augmentait sa portée, et à ce que ce mouvement lui-même le maintenait plus exactement dans le même plan de tir, ce qui donnait à ce tir plus de justesse.

Il résulta de cette conservation plus longue de la vitesse initiale que l'on put réduire les charges sans diminuer sensiblement les portées, et comme conséquence alléger le canon ainsi que son affût, et obtenir alors une artillerie de campagne beaucoup plus légère et d'un effet plus puissant que précédemment. La dernière guerre cependant fit voir, en ce qui concernait plus spécialement l'artillerie française, que la vitesse initiale adoptée était trop faible, parce qu'elle nécessitait un trop grand angle de tir et limitait trop la zone dangereuse, et depuis lors les efforts ont tendu à l'augmentation de cette vitesse, dans les divers systèmes qui ont été proposés. L'emploi de l'acier, plus résistant que le bronze, dans la fabrication des canons, permettra de résoudre le problème d'augmenter la tension de la trajectoire et, par suite, l'étendue de la zone dangereuse, tout en conservant à la pièce une légèreté suffisante. Les essais faits dans ce sens ont déjà abouti à des résultats satisfaisants. Mais la difficulté n'est pas seulement dans la confection de la bouche à feu; elle est aussi dans le mode de fonctionnement du projectile que l'on peut employer, dans son mode d'éclatement principalement, et c'est dans ce sens que doivent se porter les nouvelles recherches. Actuellement l'on emploie trois sortes de projectiles qui peuvent se tirer dans la même pièce : l'obus ordinaire, dont la portée extrême est de 6 à 7,000 mètres; l'obus à balles ou schrapnel perfectionné, qui peut être plus avantageux contre des troupes disséminées en tirailleurs, ou bien encore contre la cavalerie, et dont la portée ne dépasse pas 2,000 mètres; et l'obus à double paroi qui, à une distance égale à celle de l'obus ordinaire, a sur lui l'avantage de fournir un nombre double d'éclats. Tous ces projectiles sont armés de fusées percutantes produisant l'explosion au point de chute, et qui ont dans le tir un effet plus assuré que les fusées fusantes, parce qu'elles sont moins exposées à être détériorées par le transport. C'est, sans aucun doute, un progrès, mais ce sera toujours une difficulté que de faire éclater un projectile à point nommé, au milieu de toutes les circonstances qui peuvent se présenter à la guerre, et de ce côté le champ reste ouvert aux explorateurs.

Pour compléter le résumé de ce qui se rapporte à l'artillerie de campagne, il y a aussi lieu de parler des mitrailleuses, ou canons à balles, qui ont fait leur apparition pour la première fois en Amérique pendant la guerre de la sécession, et qui, s'ils n'ont pas réalisé dans la dernière guerre les espérances qu'ils avaient fait concevoir, peuvent être appelés cependant à rendre des services, dans certains cas particuliers, lorsque des instruments plus précis permettront d'apprécier plus exactement les distances; car, dans ce genre de tir, on distingue plus difficilement les points de chute. Cette considération, et celle qui résulte de l'infériorité de leur portée, comparativement au canon rayé ordinaire, qui peut, au besoin, tirer l'obus à balles avec efficacité jusqu'à une distance à peu près égale (2,000 mètres au lieu de 2,400 mètres), feront probablement que, dans la plupart des cas, on préférera employer ce dernier.

Tels sont, dans leurs parties du moins les plus essentielles, les perfectionnements apportés à l'artillerie de campagne, et l'on peut remarquer que si le tir des pièces a acquis, avec une portée qui semble avoir atteint son extrême limite, une justesse également bien supérieure, et que s'il produit, par suite de l'éclatement plus assuré de ses projectiles, des effets beaucoup plus meurtriers, par contre, sa vitesse est restée sensiblement la même, car le pointage exige plus de temps qu'autrefois. En outre, en raison même de la complication plus grande du mécanisme et des soins multipliés qu'il nécessite, cette artillerie exige de la part des servants une instruction plus développée, ce qui tend à rendre plus distincte encore leur spécialité et permet beaucoup moins qu'autrefois de pouvoir les remplacer au besoin.

Si l'on cherche à se rendre compte de l'influence que doit exercer sur la tactique la plus importante de toutes les inventions en ce qui se rattache à l'armement, celle des rayures, on voit qu'elle a pour principal effet de donner à l'action du feu une prépondérance incontestable et, par suite, d'augmenter dans de grandes proportions l'importance du terrain. Cette importance s'accroît encore par l'effet des changements que ce terrain lui-même a subis depuis les guerres de la période précédente, en raison du plus grand morcellement de la propriété et d'une extension plus grande de la culture, lesquels ont multiplié les obstacles de toute nature.

L'infanterie qui, dans ces guerres, pouvait adopter

comme unité tactique le bataillon et se porter en colonne dans cette formation à la rencontre de l'ennemi, est obligée de se fractionner davantage, de prendre une formation moins profonde, celle d'une seule compagnie qui, elle-même, est dans la nécessité de se disperser dans le combat en profitant de tous les abris que peut présenter le terrain. Les tirailleurs, qui n'avaient qu'un rôle auxiliaire, ont aujourd'hui le rôle le plus important. Mais cette disposition n'est pas sans danger, et elle exige, pour ne pas se confondre en désordre, une troupe plus disciplinée, une action plus directe de la part du commandement, ainsi que des cadres bien composés, pour faire agir ensemble et rallier au besoin les divers groupes de combattants. C'est ici que peut se manifester l'avantage d'avoir, pour une armée, des soldats plus aguerris, plus rompus du moins au métier des armes, et dont la mission serait d'engager et de soutenir le combat. Or, dans les armées modernes, cet avantage ne semble pouvoir être obtenu qu'en prolongeant pour un certain nombre d'entre eux la durée de leur temps de service.

Les conditions nouvelles du combat de l'infanterie rappellent, sous une autre forme, celles qui se produisirent lors de l'adoption du fusil à baïonnette, au commencement du dix-huitième siècle, ainsi que le fait remarquer M. le général Favé dans son *Cours d'art militaire;* elles ont du moins la même importance, et les unes et les autres ont donné plus d'influence à la disposition du terrain en faisant prédominer l'action du feu; mais cette prépondérance n'était à cette époque que restreinte, et l'action du feu était collective, tandis qu'aujourd'hui elle est complétement assurée et l'action du feu est individuelle.

L'artillerie est devenue moins dépendante des autres armes, ou du moins n'a pas besoin d'un appui aussi immédiat que par le passé. Profitant de la grande portée de son tir, c'est-à-dire de la distance plus considérable qui la sépare de l'ennemi, elle peut occuper plus long-temps une position sans cesser de tirer contre les troupes ennemies. N'ayant à redouter à cette distance que le feu de l'artillerie opposée, dont elle peut plus ou moins se préserver par sa disposition ou par suite de l'emplacement qu'elle occupe, elle est la seule des trois armes, qui figurent sur le champ de bataille, qui puisse se réunir en grande quantité sur un même point, ce qui lui procure le moyen de produire des résultats plus décisifs. Ainsi concentrée en grandes batteries, elle peut, plus sûrement qu'autrefois, faciliter le ploiement ou le déploiement des troupes qu'elle protége de son feu, appuyer une attaque ou soutenir une retraite.

Son rôle, tout en restant le même, s'est agrandi; mais si, pendant l'engagement, elle peut plus souvent se séparer des autres armes en occupant certaines positions, cette indépendance toutefois n'est point absolue, et elle a toujours le même besoin de leur concours; car, par suite de la difficulté plus grande de remplacer son personnel, et de la fragilité également beaucoup plus grande de son matériel, il peut lui arriver d'être fort compromise si, dans le combat, les parties les plus essentielles de ce personnel et de ce matériel sont mises hors de service.

Un danger même existe, pour elle, dans des circonstances beaucoup plus nombreuses qu'autrefois; c'est celui du tir de l'infanterie, dont auparavant elle pouvait s'approcher jusqu'à 200 mètres et dont elle doit maintenant se tenir à 1,000 mètres au moins de distance, si elle ne veut pas que les tirailleurs ennemis atteignent ses hommes, et surtout ses chevaux, qui sont, pour eux, comme des cibles parfaitement distinctes.

Si donc l'artillerie de campagne a acquis, comme conséquence des perfectionnements qui ont été apportés à son matériel, une grande supériorité dans son tir à grande distance à partir de 1,000 mètres, supériorité qui lui permet de produire des effets certains, dans les limites de la vue et dans de bonnes conditions, à une distance cinq à six fois plus grande qu'autrefois, par contre, pour la distance rapprochée, c'est-à-dire pour celle qui est comprise dans le rayon d'action des petites armes, en deçà de 1,000 mètres, et qui, elle-même, est devenue plus grande dans la même proportion, cette supériorité disparaît, en raison des perfectionnements qu'a aussi reçus, de son côté, l'armement de l'infanterie.

Il s'est produit pour l'artillerie de campagne un changement analogue à celui qui a eu lieu pour l'armement de l'infanterie, et que l'on peut comparer, pour son importance, à la modification qu'apporta dans la tactique, vers le milieu du dix-huitième siècle, la séparation des pièces légères des pièces de position, de manière à faire, avec les premières, des batteries spéciales. L'artillerie acquit alors une mobilité qui étendit beaucoup son rôle sur le champ de bataille, comme le témoignent les guerres qui suivirent, et si l'on veut établir une comparaison entre ce changement et celui qui s'opère aujourd'hui, on peut dire que le rapport qui existait entre son tir et celui de l'infanterie est resté le même, mais qu'il s'est accru dans une proportion cinq à six fois plus grande, en moyenne, ou du moins que les deux termes de la proportion sont devenus cinq à six fois plus forts.

La cavalerie est celle des trois armes qui a le moins profité des perfectionnements qui ont été réalisés dans l'armement, et tout au plus peut-on parler des améliorations apportées dans la fabrication des armes blanches et de la cuirasse. D'autre part, le terrain, en se modifiant, a beaucoup changé pour elle les conditions du combat, et elle trouverait rarement, de nos jours, un espace assez dénué d'obstacles pour qu'il fût possible de l'employer en grande quantité, ainsi que cela avait lieu sous Frédéric II et même encore, quoique plus rarement, sous Napoléon Ier. En danger d'être atteinte à distance, non-seulement par le tir de l'artillerie mais aussi par celui de l'infanterie, elle devra se fractionner le plus souvent et adopter l'ordre dispersé; ce qui ne veut pas dire qu'une cavalerie de réserve ne puisse encore produire de l'action sur un champ de bataille; mais cette action, pour être décisive, devra être davantage préparée par le tir de l'artillerie et par celui, non moins important, de l'infanterie.

Si, après avoir recherché pour chacune des armes les modifications qui peuvent résulter du perfectionnement de l'armement, on essaye d'en déduire ce qui doit en résulter dans le combat, c'est-à-dire dans ce qui constitue leur combinaison, on trouve d'abord que, par suite de l'importance beaucoup plus grande qu'acquiert le terrain, l'influence de certaines positions, qui résultent elles-mêmes de la combinaison de divers accidents du sol, s'accroît dans de larges proportions. Cette influence est telle que deux armées sur le point d'en venir aux mains chercheront toujours à les occuper, et que de même que l'on peut prévoir à l'avance presque d'une façon certaine, en examinant le théâtre des opérations, les voies ferrées que suivront ces armées, on peut pareillement deviner, par l'examen de la configuration du sol, sur la portion de ce théâtre où doit s'engager la lutte, les futurs champs de bataille. Les positions dominantes surtout ont retrouvé l'importance qu'elles avaient autrefois, en raison de la portée beaucoup plus grande de l'artillerie, qui oblige de voir une plus grande étendue de terrain, et de son genre de tir, qui est redevenu parabolique, comme à l'époque où l'on employait les premières bouches à feu. Aussi voit-on les armées rechercher de préférence ces positions, ainsi que le démontrent les dernières grandes batailles : celles de Custozza et de Sadowa en 1866, de Woerth et de Spicheren en 1870, du Mans en 1871, etc. Une armée arrivée à proximité de l'ennemi quittera sa base de manœuvres, ou ce que les Allemands appellent la formation en ordre de rendez-vous, et qui ne sont, l'une et l'autre, que la concentration préalable de toutes les troupes qui doivent prendre part au combat, pour occuper à l'avance, si elle le peut, ces positions militaires, ou bien elle s'y portera, dans l'espoir à peu près certain d'y rencontrer l'adversaire. Les troupes légères qui jusqu'ici ont éclairé la marche et assuré ses moyens de concentration lui sont également nécessaires pour la précéder sur le champ de bataille et la garantir de toute surprise. Elles se rapprocheront du gros de l'armée à l'annonce de l'ennemi, et, les premières, engageront le combat.

En raison de la grande portée actuelle de l'artillerie, c'est cette arme qui la première entrera en action, et c'est pourquoi, à l'imitation de ce qu'ont fait les Allemands dans la dernière guerre, il convient de la placer près des têtes de colonnes qui composent l'avant-garde, autant du moins que le permet la nature du pays, afin qu'elle puisse protéger le déploiement des autres troupes. Ce rôle sera d'abord dévolu à l'artillerie légère ou aux batteries à cheval qui accompagnent la cavalerie dans son service d'exploration ; mais, à cause de l'importance qu'a prise l'action du feu et des avantages que procure l'emploi en masse de l'artillerie, ces batteries seront renforcées, dès la première phase du combat, par toutes celles qui formaient auparavant l'artillerie de réserve. La cavalerie et l'infanterie légères entreront à leur tour en action pour engager et soutenir le combat.

Ainsi, tandis que précédemment les troupes légères ne servaient, comme auxiliaires, qu'à préparer l'engagement ; aujourd'hui, par suite de l'importance beaucoup plus prépondérante de l'action du feu et de leur plus grand nombre, elles peuvent être considérées comme constituant la première ligne des combattants. Mais l'infanterie principalement, qui forme cette première ligne, a besoin d'être soutenue par une seconde ligne de combattants, et, en arrière encore de cette deuxième ligne, il faut une réserve qui soit à la disposition du commandant en chef, bien que le rôle de cette réserve soit moindre qu'auparavant puisque l'effort principal consiste dans l'action du feu.

La première ligne devra adopter l'ordre dispersé, étendu en largeur et échelonné en profondeur, en raison du danger qu'il y a pour les troupes de se présenter en ordre serré devant l'ennemi, ce dernier ordre les empêchant, de plus, de faire produire à l'action du feu tout son effet utile, en ne profitant point des accidents du terrain.

Elle sera formée de quatre échelons, dont le dernier constituera une réserve particulière, pour chaque unité de combat, qui sera placée, dans l'ordre de bataille, à la distance que l'on assigne comme limite à la portée efficace des obus à balles, plus à redouter que les obus ordinaires contre des troupes disséminées. Cette portée étant de 2,000 mètres, et le feu des tirailleurs pouvant s'engager à 1,000 mètres de l'artillerie ennemie, cette première ligne seule aura déjà une profondeur de 1,000 mètres, presque égale à celle qu'occupaient, dans l'ancienne formation ou l'ancien ordre de bataille, à la fois les deux lignes et la réserve, et qui, sur un terrain dénué d'obstacles, était de 1,300 mètres ou 1,500 mètres au plus. A cette profondeur de 1,000 mètres il faut joindre celles de la seconde ligne et de la réserve, que l'on peut évaluer également à 1,000 mètres environ, ce qui donne une profondeur totale de 2,000 mètres pour cette nouvelle formation.

Les troupes de la seconde ligne, appartenant aux mêmes régiments que ceux de la première, seront déployées en colonnes de compagnies, et celles de la réserve pourront être formées en colonnes doubles ou masse de colonnes.

Il résulte de cette disposition nouvelle qu'une armée est bien moins accessible sur son front qu'autrefois, puisque ses diverses fractions peuvent se soutenir d'une manière plus efficace, ou bien peuvent trouver un meilleur appui dans les accidents du terrain ou les divers obstacles du champ de bataille, en attendant d'être soutenues.

7

Par contre, les flancs de cette armée seront beaucoup plus faibles, car toutes ces fractions, formant de minces rangées de combattants, échelonnées suivant des lignes parallèles, donnent trop de prise à l'artillerie qui viendrait s'établir sur leur prolongement, et, à cause de leur dispersion même, elles sont peu en mesure de pouvoir modifier leur ordre de bataille primitif, de manière à résister, dans de bonnes conditions, à une attaque de flanc, si cette attaque est faite inopinément et conduite avec résolution.

On voit le rôle important échu à l'artillerie actuelle dans ces attaques de flanc faites sur les ailes d'une armée, rôle qui, au temps de Frédéric II, était rempli par l'infanterie, et qui aujourd'hui lui incombe presque en entier, puisqu'elle est l'arme qui est le mieux à même d'intervenir en grande quantité sur certains points du champ de bataille. On voit également que son action sera d'autant plus efficace que le front de l'armée ennemie sera plus resserré et que, par suite, elle pourra l'exercer sur des lignes plus compactes de combattants, ainsi que l'a démontré la dernière guerre, pendant laquelle les Français étaient le plus souvent dans une formation trop agglomérée, et empêchaient, par leurs propres mouvements, l'effet de leur feu, comme nous l'a justement reproché un écrivain allemand, le duc Guillaume de Wurtemberg, dans un article intitulé : *Mode d'attaque de l'infanterie prussienne dans la campagne de* 1870-71.

La difficulté des attaques de front et la faiblesse que présentent, dans de plus grandes proportions, les flancs d'une armée, expliquent l'emploi fréquent de l'enveloppement par une aile ou par les deux ailes qui a été fait dans les batailles les plus récentes. Cette tactique d'enveloppement consiste en un mouvement tournant, à l'effet de déborder une aile ou les deux ailes de l'armée adverse, tandis qu'on l'occupe sur son front, et l'on peut la regarder comme une nouvelle application de l'ordre oblique, que les perfectionnements des armes à feu rendent beaucoup plus praticable qu'autrefois.

Cette manœuvre est d'autant mieux en mesure de réussir que l'armée qui l'exécute est supérieure en nombre, comme à la bataille de Wœrth, par exemple, ou bien qu'elle opère contre une autre armée qui reste sur la défensive et dans une formation trop concentrée, comme dans la plupart des batailles que livra ensuite l'armée française, Spicheren, Saint-Privat, Sedan, le Mans, Saint-Quentin, etc.

Le duc Guillaume de Wurtemberg fait remarquer que, dans l'offensive comme dans la défensive, le front de l'armée prusso-allemande était toujours très-étendu, et il est certain qu'en tenant compte du progrès de l'armement, c'est là l'indice d'une troupe manœuvrière et bien disciplinée.

En examinant de près ce nouvel ordre de bataille, auquel on a donné le nom d'ordre dispersé, parce qu'il comprend des lignes minces et fractionnées, échelonnées en profondeur, on voit que s'il tient à la fois, comme l'ordre mixte, son prédécesseur, de l'ordre mince et de l'ordre profond, c'est plutôt au premier qu'il se rattache par sa nature même, qui se base essentiellement sur l'action du feu. Comme dans l'ordre mince, ou linéaire, inauguré par Frédéric II, et mis en usage dans la tactique européenne jusqu'à l'époque de la Révolution française, on y trouve en effet deux lignes étendues auxquelles il est plus difficile de donner la même impulsion, avec une réserve très-faible, pour parer à toute éventualité, tandis que l'issue du combat dépend presque entièrement de l'effort de la première ligne. Il en résulte que, si cet effort n'aboutit pas, le commandant en chef est beaucoup moins en mesure d'y pourvoir.

Telle est la modification essentielle qui semble jusqu'ici devoir être la conséquence des progrès de l'armement, c'est-à-dire de la prééminence de l'action du feu, et l'on peut prévoir que l'action du choc, celle que fit prévaloir la tactique française en adoptant l'ordre mixte, qui, à l'emploi des tirailleurs, joignait celui des colonnes et des fortes réserves, susceptibles de produire un effet décisif sur un des points de la ligne ennemie, sera, à l'avenir, d'une application beaucoup plus rare. Ce sont cependant ces attaques directes ou centrales qui procurent les résultats les plus considérables, comme le témoignent les grandes batailles de la période antérieure, Austerlitz, Wagram, etc., parce qu'après avoir séparé en deux parties l'armée que l'on combat, on peut plus facilement avoir raison de chacune d'elles ; mais, pour obtenir ces résultats, l'action du feu ne suffit point, et il faut y joindre celle du choc, que l'on ne peut obtenir qu'avec des colonnes plus ou moins profondes, dont les efforts seraient combinés.

Ce genre d'attaque paraît plus difficile à réaliser de nos jours, dans les conditions du moins où il devrait se produire, en raison de l'appui que peuvent se prêter toutes les parties d'une ligne de bataille ennemie, et les armées auront une tendance toute naturelle à employer les mouvements tournants ou l'enveloppement par les ailes.

C'est pour échapper à ce danger que l'armée qui acceptera la bataille cherchera à garantir ses ailes menacées au moyen de retranchements, qui auront pour effet de l'immobiliser dans ses lignes.

On peut déjà voir, par les exemples qui se sont produits, cette tendance des armées à faire une guerre de retranchements ou, si l'on veut, une guerre de position, tendance qui, en augmentant, aura pour résultat de rendre les batailles moins décisives. Alors, dans un temps plus ou moins éloigné, la tactique semblera revenir à la première phase de son existence, correspondant à l'enfance des peuples, alors que les batailles qui s'y livraient, longues et disputées, épuisaient autant le vainqueur que le vaincu ; mais à cette époque l'homme demandait la victoire à son énergie, à sa vigueur individuelle, tandis qu'il ne la demandera plus qu'à des agents matériels et mécaniques, à des armes à feu et à des munitions, en évitant toute action de choc ou attaque directe.

Cette époque de la tactique répondra à celle de même nature que l'on a vu devoir se produire en logistique, c'est-à-dire que toutes les deux seront l'indice de l'état de vieillesse d'un peuple, ne cherchant sa défense que dans des retranchements ou des places fortes, c'est-à-dire dans tout ce qui constitue la guerre de position.

Mais, ainsi qu'il a été dit en ce qui concernait la logistique, l'avenir pourrait lui faire voir combien il peut être dangereux de s'enfermer dans des lignes de retranchement, car le même résultat se produirait pour la tactique. Si la portée des nouvelles armes est devenue en effet cinq à six fois plus grande, par contre, l'action rapprochée s'est agrandie dans la même proportion, et ce résultat est tout à l'avantage de l'attaquant. Celui-ci, arrivé à cette distance, c'est-à-dire à celle de l'action des petites armes ou du fusil d'infanterie, aurait beaucoup moins à craindre l'artillerie de la défense, qu'il pourrait mettre hors de combat, tandis que sa propre artillerie, par son nouveau genre de tir et sans gêner son attaque, rendrait intenable la position occupée par la défense, ou du moins en amoindrirait très-notablement l'importance.

Le perfectionnement des armes peut donc, dans la zone rapprochée des combattants, tout aussi bien que l'emploi des chemins de fer, favoriser l'attaquant; mais à la condition cependant que cet attaquant soit également un soldat éprouvé et habitué à combattre.

Si l'on recherche également les modifications de la fortification pendant cette période, où se sont produits d'aussi grands progrès dans l'armement, ainsi qu'il a été fait pour les périodes précédentes, on voit que, de même qu'il est advenu pour la tactique, elle tend à devenir passive, c'est-à-dire à favoriser de plus en plus une défense de cette nature.

Après les guerres du premier empire français, les diverses nations qui y avaient pris part ne crurent pouvoir mieux garantir leurs nouvelles frontières qu'en y élevant des forteresses. Ces guerres avaient démontré qu'avec les grandes armées que l'on mettait désormais en mouvement, les seules places fortes destinées à avoir quelque influence sur les opérations, à part celles qui pouvaient occuper quelques positions exceptionnelles, étaient les places qui, tout en étant à l'abri d'un bombardement mettant en péril la population qu'elles renfermaient, pouvaient, en même temps, servir de base ou de pivot d'opérations à un nombreux corps de troupes, et même, au besoin, leur donner un refuge. Toutes cés conditions étaient réalisées en entourant une place de forts détachés, et c'est ainsi que furent construites, en Allemagne notamment, la plupart des forteresses.

On en construisit aussi en France, mais en moins grand nombre, préférant, pour des raisons d'économie, améliorer la plupart des anciennes places, que l'on supposait, avec l'ancien armement et en raison de leur emplacement, devoir faire une résistance suffisante. Mais, tandis que dans ce pays on restait fidèle, pour leur construction, au système bastionné, en Allemagne on appliquait de préférence les méthodes de Coëhorn, et surtout celles de Montalembert et de Carnot. On vit alors se produire, parmi les écrivains militaires qui s'occupaient de fortification, une polémique pareille à celle qu'avaient suscitée, près d'un demi-siècle auparavant, les écrits de Montalembert, laquelle au fond était toujours la même, puisqu'il s'agissait, en réalité, de démontrer quel était, en fortification comme en tactique, l'ordre qui devrait avoir la priorité, entre l'ordre mince et l'ordre profond.

Il est certain qu'avec l'ancien fusil et l'ancien canon, tous deux à âme lisse, la plupart des reproches adressés à la fortification bastionnée étaient fondés. La bouche à feu avait alors sur l'arme de main une telle supériorité que l'on pouvait accorder la préférence à un système de fortification qui donnait le moyen de placer une artillerie plus nombreuse sur le rempart, de mettre ce rempart luimême plus à l'abri du ricochet, comme le faisait la fortification polygonale, qui, de plus, par suite de l'étendue que l'on pouvait donner au front, permettait d'enceindre une place dans un polygone d'un moins grand nombre de côtés, tout en se prêtant mieux aux formes du terrain et en obligeant l'assiégeant à donner un plus grand développement à ses tranchées.

Ces désavantages étaient réels, malgré les améliorations que les ingénieurs de l'école française, les plus remarquables de cette époque, les généraux Haxo, Dufour, Noizet, le commandant Choumara, apportèrent à la fortification bastionnée. On doit à ce dernier, notamment, plusieurs idées ingénieuses, parmi lesquelles on peut citer celle qui consiste à rendre le parapet indépendant de l'escarpe, ce qui peut être un préservatif contre le ricochet, mais peut surtout servir à l'artillerie de la défense, dans la défense éloignée.

Toutes ces améliorations, en effet, ne remédiaient qu'imparfaitement aux défauts du système bastionné, qui voyait même sa propriété essentielle, celle de mieux favoriser la défense rapprochée, s'amoindrir, avec l'ancien fusil, devant les progrès que faisait l'artillerie C'était le moment où Paixhans proposait le canon-obusier qui a depuis porté son nom, lequel donnait le moyen, en se servant de la fonte de fer au lieu du bronze, de lancer des projectiles creux d'un fort calibre, dans les mêmes conditions que le faisaient jusqu'alors les canons pour les projectiles pleins. Cette invention devait trouver sa principale application dans l'artillerie navale, dont elle transforma presque entièrement le matériel; mais elle eut également une grande influence en ce qui se rattachait à l'attaque ou à la défense des places, comme le firent voir les siéges qui eurent lieu pendant cette période, dans lesquels on fit un usage presque exclusif des projectiles creux.

Parmi ces siéges, trois principalement méritent de fixer l'attention, si l'on veut se former un jugement au

milieu du conflit d'opinions qui divisaient alors les ingénieurs ; ce sont ceux de Silistrie et de Bomarsund,
en 1854, et en première ligne celui de Sébastopol, pendant les deux années 1854 et 1855.

Dans le premier siége, un simple ouvrage de campagne, servant de fort détaché, l'Arab-Tabia, put arrêter tous les efforts des Russes, qui voyaient de nouveaux
retranchements s'élever devant eux, à mesure qu'ils
faisaient leurs approches, et qui furent contraints de
lever le siége.

Dans le second, au contraire, la défense succomba
rapidement, parce qu'elle n'opposa à l'adversaire que
de hautes batteries casematées et ne présenta que des
maçonneries découvertes aux quelques pièces de gros
calibre que les alliés purent établir dans l'île.

Enfin, le long siége de Sébastopol vint démontrer combien des remparts improvisés, consistant simplement en
des terrassements d'un relief élevé, ne présentant qu'un
parapet et un fossé, mais sans escarpes revêtues et sans
chemin couvert, pouvaient, lorsqu'ils étaient armés
d'une nombreuse artillerie, retarder les approches de
l'assiégeant, en le forçant à ouvrir plus au loin ses
tranchées et à leur donner un plus grand développement.

Il fit voir également l'influence que pouvait avoir le
tracé de ces remparts, lorsqu'il était favorisé par la configuration du terrain ; car les divers fronts de l'enceinte
étant tracés suivant des lignes droites, et le prolongement de ces lignes atteignant des parties du terrain où
l'on ne pouvait établir des batteries, il devenait très-
difficile, pour l'assiégeant, d'employer le tir à ricochet,
qui était le genre de tir, avec les canons du moins à

âmes lisses, qui assurait le plus rapidement l'avantage à son artillerie.

En outre, les sorties fréquentes que faisait l'assiégé, au moyen de ses contre-approches, obligeaient l'assiégeant à maintenir dans les tranchées, en permanence, beaucoup de troupes, qui se trouvaient, de la sorte, exposées au tir courbe de l'artillerie de la défense.

Le siége de Sébastopol réalisait donc, pour la première fois, les idées de Montalembert et de Carnot. Il réalisait surtout celles du premier, en donnant la supériorité à l'artillerie de la défense sur celle de l'attaque, contrairement à ce qui avait eu lieu jusqu'alors ; mais ce n'était point avec l'emploi de la maçonnerie, c'est-à-dire avec de hautes batteries casematées, qu'il les réalisait, car les tours armées de canons qui se trouvaient sur l'enceinte de la ville au début du siége avaient été promptement détruites, et la prise de Bomarsund, d'ailleurs, démontrait surabondamment qu'il ne fallait point compter sur ce genre de défense. C'était avec des terrassements d'un fort profil, armés d'une puissante artillerie, que l'artillerie de l'attaque ne pouvait contre-battre avec avantage, et c'était aussi avec le système de contre-approches qu'avaient employées les Russes, en imitation de ce qu'ils avaient vu à Silistrie, et qui consistait à opposer sans cesse des retranchements à ceux que construisaient les alliés.

Comme il arrive toujours, l'engouement que fit naître cette nouvelle manière de défendre les places entraîna quelques ingénieurs à ne plus proposer comme système de fortification que des remparts en terre, entourés de fossés, sur lesquels on aurait placé une nombreuse artillerie ; mais ils ne se rendaient pas assez compte des conditions particulières dans lesquelles s'était trouvée la place de Sébastopol, qui n'avait pu être investie, et qui, n'étant pas disposée pour une défense rapprochée, avait succombé dès que les approches de l'assiégeant avaient permis une attaque de vive force.

Le siége de Sébastopol, cependant, n'en mérite pas moins d'être étudié, en raison des nombreux exemples qu'il peut fournir, comme le fut, au dix-septième siècle, celui de Candie, qui eut, à cette époque, le même retentissement ; et dans la controverse que renouvelèrent les ingénieurs, les partisans de la fortification polygonale, en ce qui se rattachait plus particulièrement au tracé, pouvaient certainement y trouver des arguments spécieux. Mais ces arguments n'étaient valables qu'avec l'ancienne artillerie, celle à canons lisses, dont on fit seulement usage à Sébastopol, car les essais du canon Lancaster, du nom de son inventeur, que les Anglais avaient voulu employer, ne donnèrent pas de bons résultats, et ils en firent peu usage. On peut se convaincre qu'avec les progrès qu'ont faits depuis les armes à feu, et principalement l'artillerie, dont la portée et les effets destructeurs ont été considérablement accrus, il n'en est plus de même, et que la fortification polygonale, au contraire, a perdu de sa valeur.

Cette opinion étonnera sans doute, aujourd'hui surtout que cette fortification paraît être en faveur ; mais elle est le résultat de l'examen que peut fournir l'emploi dans les siéges de l'artillerie rayée, depuis que l'on s'en est servi, tant pour l'attaque que pour la défense, et l'on ne saurait mieux faire, à cet effet, que de prendre ses exemples dans la guerre franco-allemande, si féconde en enseignements.

Or, que voit-on pendant cette guerre, en ce qui est relatif aux siéges? Devant les places qui n'étaient pas entourées de forts détachés, l'ennemi s'est borné à les investir et à y lancer, à distance, des projectiles explosifs ; ce n'est que pour les places de premier ordre, comme l'était Strasbourg, qu'il a fait des travaux d'approche, en essayant de faire brèche, également à distance et au moyen du tir plongeant (c'est-à-dire sous un angle de chute élevé et sans même apercevoir l'objet sur lequel on tire), à l'escarpe en maçonnerie du corps de place et des ouvrages extérieurs.

Devant les places qu'entouraient des forts détachés, il a fait des cheminements un peu importants lorsque, comme à Belfort, quelques-uns de ces forts étaient inachevés et ne consistaient même qu'en des terrassements d'un faible profil ; mais, devant Metz et Paris, qui possédaient des forts déjà construits en grande partie, et qui offraient des garanties de solidité suffisantes, il s'est contenté d'un investissement consistant en une ligne de contrevallation très-solide, ou du moins très-difficile à forcer, hors du rayon d'action des forts. Il a également essayé de faire brèche à distance, et toujours au moyen du tir plongeant, aux murs d'escarpe des forts qu'il pouvait dominer, comme ceux d'Issy et de la Briche, à Paris ; mais il ne s'est point exposé à construire des travaux d'approche sous le rayon d'action des forts, c'est-à-dire à la portée de leur artillerie, préférant attendre la reddition de ces places de l'effet seul du blocus. Et si l'on fait cette remarque que le tir plongeant de la nouvelle artillerie, qui n'a été employé, dans ces siéges, pour battre en brèche, qu'à des distances de 800 à 1,100 mètres, pourrait l'être à des distances beaucoup plus grandes, alors que le tir à ricochet des anciennes pièces, qu'il remplace, n'avait, au maximum, qu'une portée de 600 mètres, on peut en conclure que, lorsqu'il s'agira du siége d'une place dépourvue de forts détachés, la forme du tracé de son enceinte importera peu ; car il sera tout aussi facile d'établir, à distance, des batteries sur le prolongement d'un front polygonal que sur celui d'un front bastionné, et, devant les unes ou les autres, on pourra tout aussi bien faire brèche à la caponnière du front polygonal qu'à l'un des flancs du front bastionné.

Le tir plongeant est, en effet, tout à l'avantage de l'attaque, à mesure surtout que cette attaque se développe sur une circonférence plus étendue, parce qu'il peut s'effectuer derrière un épaulement à peine visible, que l'on peut d'autant mieux mettre à l'abri des coups de la place. Il en résulte que, quelle que soit la forme du tracé, il sera toujours nécessaire d'avoir recours aux ouvrages détachés pour se préserver du tir plongeant. On peut objecter, il est vrai, que la place fortifiée d'après le système bastionné, présentant un plus grand nombre de fronts, sera exposée aux feux de l'attaque sur plus de points à la fois ; mais cela n'aura lieu que pour les places de second ordre ; car, pour celles d'une assez grande étendue, l'avantage sera au contraire en leur faveur, puisqu'en disposant plusieurs fronts en ligne droite, ainsi qu'on l'a fait à l'enceinte de Paris, pour plusieurs d'entre eux, on pourra les enceindre dans un polygone d'un moins grand nombre de côtés. Si donc on veut mettre leur enceinte ou du moins les ouvrages qui la composent à l'abri du tir plongeant, le moyen consistera à élever des forts détachés sur le prolongement de ces côtés, de manière à empêcher l'assiégeant d'y établir ses batteries, et la figure ci-jointe montre qu'il en faudra un nombre bien moins grand qu'avec le système polygonal, qui ne permet pas de placer plusieurs fronts sur une même ligne, parce que cette disposition entraverait l'action de chacun d'eux.

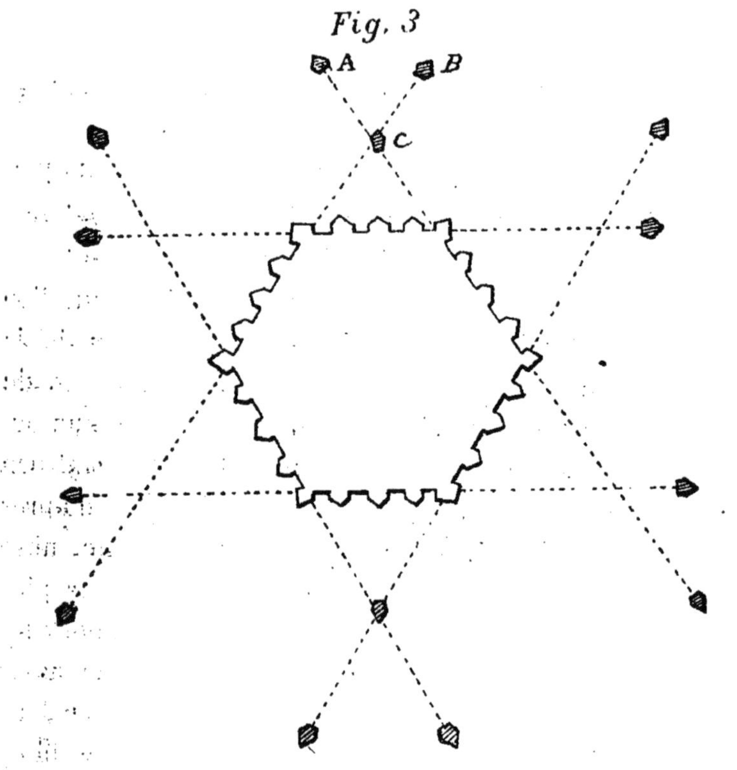

Fig. 3

On a supposé dans cette figure le polygone qui enceindrait la place régulier, et les côtés sur lesquels sont tracés les fronts tout à fait en ligne droite, ce qui ne serait jamais rigoureusement vrai dans la pratique ; mais on voit de la sorte que, pour un hexagone, il serait nécessaire de construire douze forts au plus, et qu'il serait possible, en profitant parfois de la configuration du terrain, d'en réduire le nombre. Ainsi, dans certains cas, les deux forts A et B, par exemple, pourraient être remplacés par le seul fort C, qui se trouve à l'intersection des deux prolongements qui auraient déterminé leur emplacement.

Tel est le grand avantage qui résulte, pour le système bastionné, de cette propriété de pouvoir placer plusieurs fronts sur la même ligne et, par suite, de mettre à la fois tous ces fronts à l'abri du tir plongeant au moyen d'un moins grand nombre de forts que dans le système polygonal, ce qui permet de donner à ces forts des dimensions plus grandes.

On a déjà vu, dans l'historique de la fortification, que l'invention du tir à ricochet avait contribué à faire délaisser le système tenaillé, en raison du danger que présentent les longues faces des tenailles soumises à son action, et l'on peut certainement se demander si, avec celle aujourd'hui du tir plongeant qui, à une distance cinq à six fois plus grande, permet de faire éclater des projectiles sur une face ou dans l'intérieur d'un ouvrage, ou bien encore de faire brèche à sa maçonnerie, sous un angle que l'on évalue aujourd'hui être du quart, par rapport à l'horizontale, mais qui peut devenir plus élevé ; si avec ce nouveau genre de tir, en un mot, le système polygonal ne perdra pas de sa valeur, puisqu'il expose, dans l'enceinte d'une place, pour celles du moins d'une certaine étendue, un plus grand nombre de fronts à son action.

Si à cette considération on ajoute celles qui résultent du perfectionnement apporté au fusil d'infanterie, du plus grand danger de destruction qui peut menacer, avec l'artillerie nouvelle, des murs détachés ou crénelés, ou des maçonneries découvertes, comme en présente la fortification polygonale, sans que l'on puisse, avec autant d'efficacité que dans la fortification bastionnée, les garantir par des masques ou des glacis en terre placés dans les fossés, puisque ceux-ci gêneraient l'action de l'artillerie de la défense, on peut en déduire, il semble, qu'en ce qui constitue l'enceinte proprement dite, il est préférable d'employer le système bastionné, qui, tout en garantissant mieux du tir plongeant, favorise également beaucoup plus la défense rapprochée.

L'avantage même qu'avait le système polygonal de se prêter plus aisément aux formes du terrain est bien moins réel pour les grandes enceintes, puisque l'on peut faire varier également la longueur des côtés du polygone sur lesquels sont établis les fronts en ligne droite ; et, quant à l'obligation où se trouvait l'assiégeant de donner devant le front polygonal un plus grand développement à ses tranchées, on voit aussi qu'elle est bien atténuée, si elle ne change même pas en faveur du système bastionné, puisque, en les assemblant, les fronts de celui-ci deviennent plus étendus.

Il est vrai que le tracé de l'enceinte a beaucoup perdu de son importance depuis que l'on entoure les places de forts détachés, et que, par suite, la défense est reportée en avant de ces forts. Par suite également des progrès de l'artillerie, qui permettent de lancer des projectiles explosifs et incendiaires dans une place, au moyen du tir plongeant des pièces ordinaires, à la distance de 8,000 mètres, ou bien encore à l'aide des mortiers rayés, à la distance de 800 mètres au moins, lesquelles

ne peuvent qu'augmenter encore, les forts ancienne-
ment construits se sont trouvés trop rapprochés de l'enceinte, et il a fallu en construire de nouveaux. Ceux-
ci ont alors été établis sur les points dangereux d'où
l'on pouvait bombarder la place, et l'on a été conduit
à élever ainsi deux ceintures de forts détachés. Il en
serait de même pour les places nouvelles; car, à la distance à laquelle il faudrait placer les forts les plus
avancés pour mettre la place à l'abri d'un bombardement, ils seraient trop éloignés pour être soutenus soit
par l'artillerie de l'enceinte, soit par les secours qu'ils
réclameraient. On voit qu'avec ce nombre de forts les
troupes de la défense seront forcément disséminées, et
qu'elles ne pourront concourir que plus difficilement à
une défense active. Ces forts eux-mêmes sont construits
de manière à profiter de toute la portée de la nouvelle
artillerie, et à cet effet on a adopté généralement pour
leur construction la fortification polygonale, qui, pour
un ouvrage de dimensions peu étendues, donne le moyen
de placer sur les remparts une artillerie plus nombreuse,
en la protégeant mieux contre le tir de l'assiégeant.
Pour mieux atteindre même ce dernier objet, on y établit des blindages et des cuirasses en fer, afin de mieux
garantir les pièces et certaines portions de la maçonnerie;
mais il en résulte que, disposés surtout en vue d'une
défense éloignée, ces forts ne le sont point pour faire
des sorties, qui ne peuvent avoir lieu que par leur gorge,
ainsi que pour ce qui favoriserait la défense rapprochée.
Si, à la suite d'un engagement entre les troupes de la
défense et celles de l'assiégeant, qui a pour lui l'avantage,
très-grand avec les nouvelles armes, d'une position
enveloppante, les premières sont obligées de se réfugier

dans les forts, on voit dès lors combien elles peuvent êtres réduites à accepter un rôle passif, faute d'un terrain d'action suffisant; car l'assiégeant, en attaquant l'un de ces forts, ne manquera pas, par une attaque plus étendue, de mettre les deux forts voisins ou collatéraux hors d'état de lui venir en aide. Le fort ainsi attaqué en première ligne sera en butte à tous les feux concentriques de l'assiégeant, et, comme ses défenseurs seront peu en mesure d'opérer des sorties, sa communication avec la place pourra être interceptée, ce qui en hâtera la prise. C'est pour obvier à ce danger que l'assiégé sera conduit à établir entre les forts des lignes de retranchements et à y élever même, ainsi qu'on le met en pratique depuis quelques années, des batteries de gros calibre sur des emplacements préparés à l'avance. Mais ces lignes de retranchement contribueront encore à rendre la défense moins active, car elles auront également pour effet d'immobiliser les troupes, après l'échec surtout qu'elles auront pu éprouver dans une lutte avec l'assiégeant. Celui-ci, de son côté, élèvera des retranchements à la distance à laquelle ils seront suffisamment garantis de l'artillerie des forts, et que l'on évalue à 2,500 ou 3,000 mètres, de manière à former une première ligne de contrevallation, que l'assiégé ne pourra que très-difficilement forcer ; de sorte que la lutte entre les deux adversaires consistera principalement dans des combats d'artillerie, qui donneront à la défense un caractère essentiellement passif.

Ce résultat se produira généralement devant les places ordinaires; car, pour celles de premier ordre, la défense pourrait être rendue plus active, ainsi que l'on peut s'en convaincre en examinant les nouvelles fortifications qui, d'après la loi du 27 mars 1874, doivent être construites autour de Paris.

Dans ces nouvelles constructions, on s'est proposé d'étendre considérablement le rayon d'action de la défense au moyen de trois camps retranchés qui occuperont, au nord, à l'est et au sud-ouest de la ville, les points dominants qui, dans le dernier siége, avaient facilité son investissement. Ces camps retranchés consisteront eux-mêmes en un groupe de forts placés à des distances inégales de l'enceinte, les plus avancés en étant même assez éloignés, mais qui, reliés entre eux, permettront à un corps d'armée de se maintenir sur le terrain qu'ils limiteront. Ayant entre eux et avec le corps de place leur communication bien établie, ils serviront de points d'appui aux troupes de la défense, qui pourront, soit se porter en avant, sous la protection de leur artillerie, soit se déployer aisément dans les larges intervalles qui les séparent, en ayant toujours une retraite assurée.

Il est incontestable que dans ces conditions la défense pourra être rendue beaucoup plus active; car l'assiégeant ne devra plus se borner à la possession d'un seul fort; il lui faudra, pour se rendre maître d'un des camps retranchés, avant de pouvoir se frayer un passage dans l'intervalle qui les sépare, en posséder plusieurs, ayant à combattre, à cet effet, le corps d'armée qui occupera ce camp, et qui lui-même sera facilement secouru par les deux corps d'armée voisins. On voit combien la résistance pourra se prolonger, par ce seul fait que les troupes ne seront plus contraintes à se réfugier dans les forts, et qu'elles auront toujours devant elles un terrain tout préparé pour leur action; car, battues même, elles pourront aller occuper les deux autres camps en attendant des circonstances plus favorables, c'est-à-dire en attendant l'occasion de pouvoir reprendre l'offensive.

Mais on comprend que de pareilles dispositions ne sont possibles que dans une ville de l'importance de Paris, qui peut toujours trouver dans sa nombreuse population des défenseurs en quantité suffisante pour une telle étendue d'ouvrages, dont la construction nécessite également des frais considérables. Malgré son importance cependant, il serait inhabile, dans le cas d'un siége, d'y enfermer une armée composée des troupes actives du pays; car, une fois enfermée, il lui serait fort difficile d'en sortir dès que la place serait investie, et, bien qu'elle pût apporter un surcroît d'activité à la défense, son rôle serait secondaire par rapport à celui qu'elle aurait pu jouer en rase campagne. Il semble préférable de n'y laisser, dans ce cas, qu'un très-petit nombre de troupes actives, en confiant à la population, ou du moins à la portion de l'armée territoriale qu'elle pourrait fournir, le soin de compléter le nombre des défenseurs. Or, si l'on considère que, bien que l'on ait préparé dans les intervalles des camps retranchés des champs de bataille assez vastes, des troupes y combattront généralement dans des conditions désavantageuses un ennemi égal ou supérieur en nombre qui cherchera à les envelopper, on peut en conclure que les défenseurs, après avoir vainement essayé de lutter, en seront réduits à établir, dans ces intervalles, des retranchements et des batteries, de manière à en interdire l'accès.

Comme pour les places ordinaires également, l'assiégeant en élèvera de son côté à une distance suffisamment éloignée des camps retranchés; car, si son investissement devient plus étendu, il exigera, par contre, avec les perfectionnements apportés à la portée et à la rapidité du tir, un nombre d'hommes de moins en moins grand pour être inexpugnable, et l'on peut en déduire que, bien que se prêtant à une activité plus grande dans la défense, le résultat cependant qu'auront amené toutes ces dispositions pourra être peu différent.

C'est ainsi que, de même qu'il est advenu pour la tactique, la fortification tend à devenir passive, et qu'avec des moyens différents elle rappelle aussi la première phase de son histoire, celle qui correspond au moyen âge, où les assiégeants se bornaient comme on l'a vu, dans un siége, à entourer la place de lignes de contre-vallation et de circonvallation, et à en attendre la reddition par la famine.

Les moyens seuls, en effet, diffèrent, car à cette époque c'était la défense rapprochée, toute favorable à l'assiégé, qui en était cause, tandis que de nos jours, ou dans un avenir du moins que l'on peut prévoir, c'est au contraire la défense éloignée, également favorable à l'assiégé, qui produira ce résultat; seulement, d'active qu'elle était, cette défense sera devenue passive.

V

STRATÉGIE

La stratégie, qui signifie *conduite d'armée,* consiste à former un plan de campagne, puis à faire mouvoir une armée sur le théâtre d'opérations ainsi déterminé, et à reconnaître, dans les batailles ou combats qui peuvent s'y livrer, les points où il faut porter le gros de ses forces pour en assurer le succès. Jomini la résume en quatre préceptes généraux qui constituent eux-mêmes le principe fondamental sur lequel sont basées toutes les opérations de la guerre, et qui a pour objet de mettre en action, aux points les plus importants d'un théâtre d'opérations ou d'un champ de bataille, une plus grande force que celle de l'ennemi. Les moyens d'exécution sont les marches ou les transports pour le premier, et les manœuvres ou le choix des ordres de bataille pour le second. D'après cet écrivain militaire, ces quatre préceptes consistent :

1° A porter, par des combinaisons stratégiques, le gros des forces d'une armée successivement sur les points décisifs d'un théâtre de guerre, et, autant que possible, sur les communications de l'ennemi, sans compromettre les siennes ;

2° A manœuvrer de manière à engager ce gros des forces contre des fractions seulement de l'armée ennemie ;

3° Au jour de la bataille, à diriger, également par des manœuvres tactiques, le gros de ses forces sur le point décisif du champ de bataille, ou sur celui de la ligne ennemie qu'il importerait d'accabler ;

4° A faire en sorte que ces masses ne soient pas seulement présentes sur le point décisif, mais qu'elles y soient mises en action avec énergie et ensemble, de manière à produire un effort simultané.

Comme on le voit, les deux premières prescriptions se rapportent à la logistique, et les deux dernières à la tactique, et l'on peut très-bien, dans ce sens, les réduire à deux, ayant également pour objet de mettre en action, sur les points décisifs d'un théâtre d'opérations ou d'un champ de bataille, des forces plus grandes que celles de l'ennemi.

De même que la logistique et la tactique, auxquelles elle imprime la direction, la stratégie est devenue chez les modernes, sinon une science comme elles, du moins un art d'autant plus compliqué que les armées ont été plus nombreuses, et que les moyens de communication se sont perfectionnés, ainsi que l'armement dont elles se servaient.

Chez les anciens, cet art était plus simple : ce qui ne les a point empêchés de faire des expéditions que les modernes n'ont point égalées. Il suffit, pour s'en convaincre, de se rappeler celles d'Alexandre, d'Annibal et de César. Pour s'en rendre compte, il faut remarquer que les moyens de communication entre les divers peuples étaient alors fort rares, et que, dans l'état d'iso-

lement où ils se trouvaient, une armée pouvait se porter chez un peuple voisin et le combattre avant que
celui-ci eût le temps de se préparer ou de se mettre
en état de défense, de sorte que la conquête d'un pays
en devenait plus aisée et plus rapide. Il n'y avait point
encore, entre tous ces peuples, de système politique
qui leur permît de faire des alliances, ainsi qu'on l'a
vu depuis, de manière à réunir leurs efforts contre
l'ennemi commun. C'est qu'en effet la politique est
l'auxiliaire de la stratégie, de même que l'administra-
tration l'est de la logistique, et la fortification de la
tactique.

La stratégie s'est donc ressentie de l'influence de la
politique, dès qu'il a pu y avoir une entente entre les
nations, et l'on peut également lui assigner, chez les
modernes, quatre époques distinctes, correspondant aux
quatre âges de la vie des peuples.

D'abord, au moyen âge, elle se montre à l'état d'enfance, car les divers États de l'Europe sont morcelés
et isolés, et les mouvements des armées sont généralement confus et désordonnés. Mais vers le milieu du
quinzième siècle, après la prise de Constantinople, un
système politique commence à s'établir entre tous ces
États, et la stratégie devient, à son tour, plus régulière.

On voit naître un système de base et de ligne d'opérations, que nécessitaient surtout les approvisionnements
dont il fallait faire suivre les armées, depuis l'emploi
plus grand des armes à feu, et la stratégie moderne,
dans cette seconde période, se manifeste dans les expéditions de Gustave-Adolphe et les belles campagnes de
Turenne. Après lui, elle jette moins d'éclat; car les
armées nombreuses que l'on met en campagne ne sont

plus en rapport avec le théâtre relativement plus restreint sur lequel on opère, et sont trop assujetties à
l'établissement des magasins, ce qui nuit à la guerre
de mouvements.

Frédéric II lui donne un nouveau lustre; mais, forcé
d'agir également sur un théâtre limité, de passer con-
tinuellement du bassin de l'Elbe à celui de l'Oder, pour
se porter au-devant de ses ennemis, ses combinaisons
stratégiques ne peuvent être bien vastes, et elles se
manifestent principalement dans la manière de faire
combattre ses troupes.

La Révolution française devait, comme elle l'avait
fait pour la logistique et la tactique, lui donner un plus
grand essor, qui marque sa troisième période. Dès le
début, cependant, elle se montre incertaine et peu sûre
d'elle-même, en raison de l'organisation encore imparfaite de l'armée, partagée en divisions indépendantes,
qui, si elles pouvaient vivre plus facilement sur le pays,
étaient moins à même de se soutenir entre elles et de
produire un effet décisif.

On doit à Carnot d'avoir modifié ce système de guerre,
qui ne pouvait produire que des résultats stériles, et
d'avoir vu que les véritables effets de la stratégie étaient
dans le concours de tous les efforts. Il conçoit l'idée,
dans la campagne de 1794, de faire concourir au même
objectif les quatre armées qui occupaient la frontière,
de Huningue à Dunkerque, comme si elles ne formaient
que des simples divisions d'une armée unique, plan
stratégique qui assure à la France tout le pays compris
entre son ancienne frontière et le cours du Rhin.

On peut encore citer, parmi les applications de la
stratégie faites à cette époque, l'invasion de la Hol-

lande par Pichegru, en 1795, plus audacieuse peut-être qu'elle ne fut savante, ainsi que la retraite de Moreau, en 1796, dans laquelle ce général, isolé en Bavière, avec 60,000 hommes, et craignant d'être coupé de ses communications, remonte la vallée du Danube, bat à Biberach ses adversaires, puis traverse le val d'Enfer, et, après vingt six jours de marche, atteint en bon ordre les bords du Rhin.

Mais toutes ces conceptions devaient être surpassées par celles de Napoléon, qui, saisissant mieux que ses prédécesseurs le rapport qui existait entre la logistique et la tactique, sut, en élargissant le cercle de la première, se procurer, avec la seconde, des résultats plus importants. Avant lui, Frédéric II avait employé, dans les batailles, ce que l'on désignait sous le nom d'*ordre oblique;* mais Napoléon l'emploie également dans le mouvement des armées, ce qui lui vaut de plus grands succès.

La manœuvre qu'il applique en logistique est, de même qu'en tactique, d'occuper l'adversaire sur son front d'opérations, comme on le ferait sur sa ligne de bataille, et en même temps d'agir sur ses flancs, en opérant un mouvement tournant, manœuvre qui le fait triompher à Marengo, Ulm et Iéna. Lorsqu'il juge également ce front d'opérations trop étendu et facile à percer, il l'attaque de front, de manière à le séparer en deux parties, à chacune desquelles il peut ensuite opposer des forces supérieures, comme le témoignent la campagne de 1796, en Italie, et celle de 1809, en Allemagne.

L'étude de ses campagnes montre qu'il cherchait à mettre à exécution en logistique ce qu'il appliquait en tactique, et s'il n'y réussit pas toujours, cela tient à l'imperfection des moyens dont il était obligé de faire usage. Ces deux sciences reposent en effet sur les mêmes principes, mais il existe entre elles cependant une différence qui résulte forcément de l'étendue du terrain sur lequel elles sont mises en application, et qui est pour l'une un théâtre d'opérations, et pour l'autre un champ de bataille. Il est facile de voir qu'il peut se présenter dans l'action de la première des obstacles naturels autres que dans celle de la seconde, lesquels, en raison de cette étendue même, doivent nécessairement avoir de l'influence sur le mouvement d'une armée.

Les chemins de fer font, de nos jours, disparaître en grande partie ces obstacles, qui proviennent de la nature même du théâtre des opérations, et, comme conséquence, la stratégie peut alors réaliser plus facilement en logistique tout ce qu'elle accomplit en tactique; de même qu'elle éprouve des difficultés plus grandes à mettre à exécution, dans la première, ce qui ne peut se faire qu'avec plus de peine dans la seconde. Cela provient de ce que, dans l'une et dans l'autre, on peut se servir aujourd'hui davantage de moyens matériels ou mécaniques, et user du même mode d'action. Si cette analogie ne s'est pas entièrement produite dans les guerres récentes, faites avec l'emploi des chemins de fer, on la voit néanmoins apparaître, et l'on peut certainement en déduire qu'elle se produira de plus en plus dans l'avenir.

Ainsi, avant leur emploi, il était admis en stratégie qu'une position centrale était avantageuse pour une armée, ou bien encore une ligne d'opérations qui en séparait deux de l'adversaire, parce que cette armée pouvait successivement battre les divers corps de l'ennemi; tandis qu'en tactique, une position entourée par l'ennemi, ou bien une colonne s'avançant entre deux autres, étaient considérées comme en très-grand danger. Mais, avec la facilité beaucoup plus grande que procurent maintenant les voies ferrées pour la concentration des troupes, il peut être tout aussi dangereux, pour une armée, d'occuper une position centrale, ou de suivre une ligne d'opérations intérieure, qu'il le serait, en tactique, pour une position ou pour une colonne isolées.

C'est que, de même qu'il devient plus difficile, avec les armes nouvelles, d'attaquer de front une ligne de bataille, de même la difficulté est plus grande pour percer, sur l'un de ses points intermédiaires, le front d'opérations d'une armée, puisque, dans l'un et l'autre cas, les diverses fractions peuvent se soutenir avec plus d'efficacité. Cela explique pourquoi les armées chercheront de préférence, dans les deux cas, à employer les manœuvres tournantes et enveloppantes qui peuvent être considérées, si l'on veut, avec le progrès de l'armement et l'emploi des chemins de fer, comme la dernière application de l'ordre oblique. En logistique comme en tactique, ce résultat sera d'autant mieux atteint que l'armée ennemie sera plus concentrée, occupera même une position centrale ou une ligne intérieure, et que les obstacles que présentera le terrain des opérations seront moindres; car on comprend aisément que, s'il se trouve un obstacle naturel, un grand fleuve ou une chaîne de montagnes, la réussite puisse être plus incertaine.

On l'a vu en 1859, en Italie, où, malgré sa position

centrale, l'armée autrichienne n'a point empêché le mouvement tournant des Français, vers Novare et Verceil; en Bohême, en 1866, où les Autrichiens, bien qu'occupant une ligne intérieure, n'ont pu prévenir la réunion des fractions séparées de l'armée prussienne, et enfin, dans la guerre de France, en 1870-71, où le front d'opérations de l'armée française, après avoir été divisé, dès le début de la campagne, a eu ses deux portions également enveloppées dans le mouvement de concentration qu'elles cherchaient à faire.

Si les Prussiens, dans cette campagne, indépendamment des mouvements enveloppants qu'ils ont toujours voulu employer, ont pu ainsi séparer le front d'opérations des Français, c'est que ce front était beaucoup trop étendu par rapport à l'effectif de l'armée combattante, et qu'en outre les parties qui le composaient, séparées elles-mêmes par les Vosges, n'étaient point suffisamment reliées entre elles. Ils ont pu, dans la suite, rester toujours maîtres des lignes intérieures, ce qui a assuré leur succès ; car, de même qu'en tactique, les opérations centrales en logistique sont toujours celles qui donnent, lorsqu'elles réussissent, les meilleurs résultats; mais s'ils ont pu les exécuter dans cette campagne, cela a tenu à des circonstances qui sont connues de tous et que nous devons chercher à ne plus faire renaître.

L'enseignement surtout qui doit en résulter, c'est que, dans la défense d'un pays, il faut empêcher que l'ennemi ne puisse se rendre maître de ces lignes intérieures, qui sont celles qui le mènent le plus sûrement à son objectif principal, qui est la capitale du pays ou son centre de résistance ; et, si l'on ne peut l'en empêcher, il faut retarder au moins sa marche le plus longtemps possible.

Or, la tactique, dans sa partie défensive, **c'est-à-dire** avec l'emploi de la fortification, et la logistique, également dans son rôle défensif, qui consiste dans une disposition, appropriée pour cet objet, des lignes ferrées, peuvent en donner les moyens.

C'est encore ici que se fait voir une analogie plus grande entre l'une et l'autre, ainsi que l'on peut s'en convaincre en se rappelant ce qui a été dit pour les divers systèmes de fortification. Avant l'emploi des armes à feu perfectionnées et des chemins de fer, et avec les effectifs relativement limités que l'on mettait en campagne, la plupart des auteurs militaires admettaient que, pour la défense d'un pays comme ceux qui sont en Europe, il suffisait de fortifier la capitale, et de l'entourer, vers la frontière, d'une ou deux ceintures de places fortes ou de camps retranchés. Cela répondait au système de fortification alors adopté et qui consistait à entourer une enceinte fortifiée de forts détachés, à une distance calculée sur la portée de l'artillerie. De la sorte, les communications leur paraissaient pouvoir être conservées entre la capitale et les forteresses de la frontière; car l'ennemi ne pouvait pénétrer entre deux de ces forteresses et marcher vers la capitale, en laissant libres les troupes qui les occupaient, et il le pouvait d'autant moins, que l'armée, qui défendait le territoire envahi, pouvait, en s'appuyant sur les places fortes ainsi disposées, changer à volonté de bases et de lignes d'opérations, en menaçant sans cesse les siennes.

S'il prenait alors le parti de les assiéger, la guerre

traînait d'autant plus en longueur, que des armées de secours pouvaient leur venir en aide. Mais la dernière guerre a montré combien, avec les effectifs considérables que l'on met actuellement en campagne, il devenait dangereux pour une armée de se réfugier dans une place forte ou un camp retranché, absolument comme il peut l'être dans une place entourée de forts détachés, de se réfugier dans l'un de ces forts; et de même que le dernier progrès dans la manière de fortifier, pour une place du moins de premier ordre, a consisté à entourer l'enceinte de camps retranchés, groupes eux-mêmes de plusieurs forts, de même l'on est conduit, par un raisonnement identique, à entourer le centre de résistance d'un pays sinon de camps retranchés, qui n'assureraient pas assez la défense, mais de ce que l'on pourrait appeler des polygones retranchés et qui seraient formés chacun de la réunion de plusieurs places fortes, de manière à servir de points d'appui ou de bases de manœuvres à toute une armée.

On voit combien, avec l'emploi d'un pareil système, la défense pourrait être plus active, si l'on avait soin de prendre pour centre de résistance du pays, non dans tous les cas, la capitale, qui est souvent celui que défendent le moins des obstacles naturels, mais la portion du territoire la moins accessible, et si l'on avait soin également de relier par des lignes ferrées concentriques, à ce centre de résistance, les places les plus importantes de ces polygones retranchés. On pourrait d'ailleurs choisir celles-ci, dans chacun d'eux, comme pivot des opérations de l'armée qui l'occuperait, sans cependant se réfugier dans aucune de ces places fortes.

Le même raisonnement qui a été fait lorsqu'il s'est

agi de fortification s'applique ici, à la seule exception qu'au lieu de lignes de défense que l'assiégé devait conserver en son pouvoir, ce sont des lignes de communication qu'il aurait également à préserver le plus longtemps possible.

Si l'ennemi, en effet, essayait de pénétrer entre deux de ces polygones retranchés, et de s'avancer vers la partie centrale, ou centre de résistance du pays, au moyen de lignes intérieures, il ne pourrait le faire qu'après avoir mis hors de cause les deux armées qui défendraient ces polygones, et pour y parvenir, même après les avoir battues, ce ne serait pas seulement le siége d'une place forte qu'il devrait faire, mais celui de toutes celles qui constitueraient le groupe. On conçoit dès lors combien la défense pourrait en être prolongée.

Si l'on voulait appliquer à la France cette disposition, on pourrait choisir pour portion centrale le pays, en grande partie montagneux, qui, comme un réduit préparé à cet effet, est bordé au nord par la Loire, à l'est par le Rhône, au midi par la Garonne, et s'appuie par deux de ses côtés à l'Océan et à la Méditerrannée. Les montagnes qu'il contient, telles que celles du Lyonnais, du Vivarais, de l'Auvergne, des Cévennes, etc., le rendent peu accessible, et les fleuves qui le bordent en semblent être les fossés. Il forme un vaste hexagone renfermant des villes qui, comme Bourges, Châtellerault, Tulle, servent déjà à divers établissements, fonderies de canons et manufactures d'armes, et d'autres villles qui, comme Limoges, Clermont-Ferrand, etc., pourraient servir de grands centres d'approvisionnement. Autour de ce réduit, et suivant des lignes concentriques de chemins de fer qui sont actuellement toutes tracées, seraient placés des polygones retranchés dont les places centrales, ou pivots d'opérations, sont également tout indiquées, et qui seraient successivement, et en première ligne, le Mans, Paris, devenu un camp retranché d'une grande importance, mais un simple camp retranché, Dijon, Lyon, Avignon, Toulouse. Plus au nord, et en raison de la distance plus éloignée de la frontière, serait établie une seconde ligne de polygones retranchés, dont Amiens et Châlons seraient les points centraux, reliés par la voie ferrée qui, passant par ces villes, aboutit à Rouen et à Nancy.

Autour de chacune de ces villes, et comme leur servant de soutiens, seraient placées les autres places d'une importance moindre, qui limiteraient le polygone retranché, en utilisant pour cet objet les places fortes qui existent déjà, ou bien encore en mettant en état de défense, au moyen d'une fortification improvisée, que les nouvelles armes peuvent rendre suffisante, les villes que leur situation rendrait plus nécessaire d'occuper.

On voit qu'à l'aide de ce dispositif de défense, les communications du centre du pays, ou de son réduit central, avec les divers polygones retranchés et, par suite, avec les armées qui les occuperaient, seraient difficilement interceptées; car, en supposant même que l'ennemi parvînt à pénétrer dans l'intérieur du pays, la France pourrait encore trouver dans sa position exceptionnelle, attenante à deux mers, le moyen de les rétablir avec le concours de sa marine.

Tel est l'appui que la science, par ses perfectionnements, tant en logistique qu'en tactique, semble devoir, dans la défensive, apporter à la stratégie ; elle limite les moyens d'action de l'attaquant, en supposant que celui-ci emploie exclusivement ceux qu'elle fournit. Mais ce n'est pas seulement dans ses moyens d'action, c'est aussi dans la formation de ses projets ou de ses plans de campagne qu'elle lui assigne des limites avec l'usage d'un autre instrument qu'elle a créé, la télégraphie. A partir du jour où la télégraphie électrique a pu être employée avec plus d'avantages que celle, aérienne ou visuelle, qui la précédait, les armées ont voulu en faire l'application, comme elles l'avaient fait pour toutes les autres inventions. Elles y voyaient, en effet, cet avantage très-grand de pouvoir communiquer entre elles, quelles que fussent les circonstances atmosphériques et la distance, et aussi bien la nuit que le jour. La télégraphie électrique devenait de la sorte l'instrument de la stratégie comme les armes rayées l'étaient déjà de la tactique et les chemins de fer de la logistique. Mais, en même temps qu'elle venait en aide à la stratégie, elle servait à la politique, qui lui est intimement liée, et le résultat de cette intervention était de mettre les belligérants plus en éveil et de rendre moins facile le secret des opérations. De nos jours, il serait difficile, pour un général d'armée, de franchir, à l'insu de l'ennemi, le Saint-Bernard, ou bien d'exécuter, dans d'aussi grandes proportions, une marche de flanc pareille à celles d'Ulm et d'Iéna.

Il semble, de plus, parmi toutes les inventions de la science, que l'instrument soit d'autant plus fragile qu'il est plus perfectionné ; car l'on voit combien, plus encore que pour les chemins de fer, il faut, afin que le fil électrique fonctionne en toute sécurité, que la ligne sur láquelle il se développe soit parfaitement gardée et mise à l'abri de tout accident.

L'emploi du télégraphe électrique peut donc exposer un général à plus d'un mécompte ; mais cependant, en raison des indications rapides qu'il peut fournir sur les opérations de l'ennemi ; en raison des causes nombreuses d'accident qui peuvent survenir sur un territoire étranger, au milieu de populations hostiles, cette invention, comme les précédentes, paraît devoir favoriser la défense. Mais, comme les précédentes également, son emploi exclusif conduirait à la mise en œuvre d'une stratégie toute passive ; car, de même qu'en logistique, cet emploi des chemins de fer conduit à localiser la guerre et à la réduire à une guerre de places fortes ; qu'en tactique, celui des armes rayées peut conduire à l'abus des retranchements ; de même un général d'armée qui ne recevrait toutes ses inspirations que du télégraphe ou des indications que celui-ci pourrait lui fournir, en serait réduit à subordonner toutes ses opérations à celles de l'ennemi et, par suite, à agir passivement dans toutes les circonstances.

Quelques années avant la Révolution française, un auteur que l'on ne saurait trop citer, Guibert, en parlant du genre de guerre méthodique et peu décisif qui se faisait alors, avec l'emploi des retranchements et des places fortes, s'exprimait ainsi :

« Reste à savoir si un général, homme de génie, à la tête d'une armée qu'il aurait accoutumée à la patience, à la sobriété, aux choses grandes et fortes, n'oserait pas laisser derrière lui toutes ces prétendues barrières, et porter la guerre dans l'intérieur des États, aux capitales mêmes. Les doutes que je propose ici serviront peut-être à faire voir que si les places retiennent l'ennemi sur les frontières, et éloignent la guerre du cœur des États, c'est plutôt à cause de l'espèce et de la simitude de nos constitutions, à cause de la routine de guerre que nous avons adoptée, que par rapport aux obstacles réels qu'elles opposent. »

Les paroles de Guibert sont toujours vraies ; elles le sont encore plus de nos jours, car les prétendues barrières dont il parle sont devenues plus nombreuses. Le général, homme de génie, qui saurait les rompre, pourrait acquérir une gloire plus grande que celle des capitaines illustres qui l'auraient précédé, car les liens qui entraveraient ses opérations seraient plus forts et tiendraient surtout à la résistance qu'il pourrait rencontrer dans les mœurs, l'état de richesse et la constitution du peuple qui formerait son armée. Mais que l'on suppose ce peuple jeune, c'est-à-dire avec des mœurs viriles, sans que les richesses l'aient déjà amolli, et que, de plus, la forme de sa constitution l'ait façonné à une existence guerrière ; alors ce peuple, conduit par ce général, pourrait accomplir de grandes choses. Les moyens nouveaux que la science fournit pour faire la guerre peuvent bien étendre son action ; mais c'est à la condition que le peuple qui les emploiera ait la vigueur nécessaire. Ce sont comme ces armes qui ont besoin, pour être bien maniées, d'un bras vigoureux, et qui, lorsqu'elles sont tenues par une main débile, tombent et sont ramassées, dans la lutte, par l'adversaire. Ainsi qu'on l'a vu, en effet, c'est dans la distance rapprochée, tant en logistique qu'en tactique, distance que l'emploi des chemins de fer, comme celui des armes perfectionnées, ont rendue cinq à six fois plus grande, qu'une armée, qui disposerait de réserves solides et exercées au combat, pourrait trouver des occasions de triomphe; car l'emploi de ces moyens serait alors pour elle un auxiliaire d'autant plus puissant qu'elle **pourrait, tout** en en faisant usage, réduire ou annihiler ceux de l'ennemi.

VI

CONCLUSION

Il résulte de ces considérations, tant en ce qui se rapporte à la partie constitutive d'une armée qu'en ce qui se rattache à la manière dont cette armée peut faire, la guerre, c'est-à-dire aux trois parties essentielles de l'art de la guerre, et qui sont la logistique, la tactique et la stratégie, que les transformations qu'accomplit cet art chez les modernes sont semblables à celles qui se sont succédé chez les anciens, et pour les mêmes causes. Ces transformations sont même plus apparentes chez les premiers, en raison des modifications plus marquées qu'y apporte la science ; mais, malgré ces modifications cependant, les résultats sont les mêmes. Du moment, en effet, où l'homme, moins porté à faire la guerre, supplée à son action propre par l'emploi d'agents mécaniques qui exigent certaines conditions pour leur exécution, l'art, par cela même, se voit soumis à des règles et à des calculs qui le restreignent et lui assignent des limites beaucoup plus étroites.

On doit donc en conclure que, si la science de la guerre marche parallélement avec la civilisation, il peut ne plus en être de même pour l'art de la guerre qui, lui, est plutôt l'indice de l'état social d'un peuple, ou de la phase à laquelle est arrivé son développement. Cela tient à ce que les découvertes ou inventions que fournit la science ont été créées principalement en vue de la paix, et qu'en les appliquant à la guerre, elles ont pour effet d'amoindrir l'individualité du combattant; de sorte qu'elles font disparaître en grande partie les inégalités, soit dans le mouvement des armées, soit dans leur armement ou leur manière de combattre, qui les distinguaient auparavant. Ce résultat tend à rendre l'action de la guerre de plus en plus semblable chez les divers peuples.

On le voit se produire, à partir de l'invention des armes à feu, et il a nécessairement pour effet de limiter l'art de la guerre. Aussi peut-on trouver que cet art a eu un développement moins étendu, dans cette période qui correspond à l'emploi des armes à feu, que dans l'antiquité avec les armes imparfaites que l'on employait alors, parce qu'il est surtout basé sur l'individualité du combattant, et que cette individualité, très-grande alors, s'est de plus en plus amoindrie. De l'avis de beaucoup d'écrivains militaires, Napoléon n'a pas égalé César.

Si la science doit plus tard trouver un agent plus puissant que la poudre pour l'employer à la guerre, ainsi qu'un moyen plus rapide pour le transport des troupes, et un mode encore plus instantané que l'électricité pour transmettre l'expression de la pensée ou de la parole, ces agents, plus perfectionnés, auraient pour effet de restreindre davantage l'individualité du combattant, et, par suite, la nouvelle évolution de l'art de la guerre, dans ses transformations nouvelles, serait encore moins étendue.

C'est ainsi que la science concourt, même dans l'acte de la guerre, à humaniser les peuples et à les civiliser ; car elle rend les invasions et les conquêtes de moins en moins violentes, en exigeant chez le vainqueur un degré de civilisation se rapprochant de celui du vaincu. Le monde romain a pu voir les barbares l'envahir, tandis que, de nos jours, l'envahissement d'un pays en Europe exigerait l'emploi de tous les moyens que la science procure aux armées et, par suite, témoignerait, dans son usage, de l'état social déjà avancé de cette armée.

On peut donc en déduire que si la science tend à amoindrir l'art de la guerre, par contre, elle a pour effet de rendre celle-ci plus humaine, et cela d'autant mieux que ses perfectionnements seraient plus grands.

En cherchant à se substituer à l'art et à le remplacer, elle produit ce résultat consolant pour l'humanité, de contribuer au progrès de la civilisation et, par suite, au bonheur des peuples.

Paris. — Typographie G. Chamerot, 19, rue des Saints-Pères. — 6663.